U0783146

谁绑架了我的未来

主编 曹外香

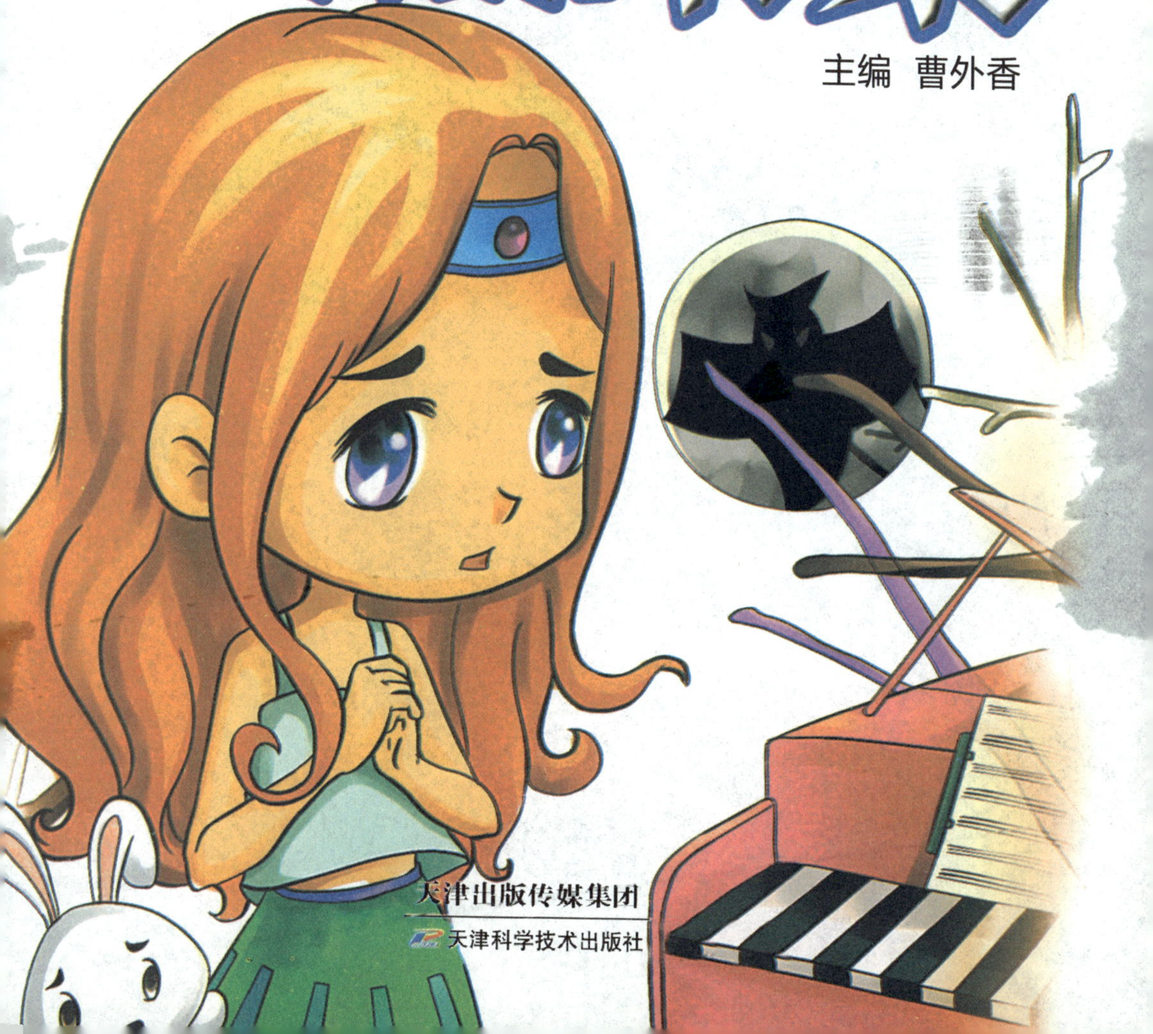

天津出版传媒集团

天津科学技术出版社

人的一生很漫长，但最关键的只有那么几步，中学阶段正是你成长的重要时期。作为一个中学生的你是什么样子的？你是不是喜欢嬉戏玩耍而害怕受拘束和禁锢？你是不是喜欢自己动手实验，而不喜欢埋首于枯燥的课本当中？你是不是喜欢天马行空的想象，而不喜欢大人给的条条框框？

　　是的，你一定是这样的学生。你一定像爱迪生一样爱思考；你一定像达尔文那样充满想象力；像司马光那样聪明机智；拥有毕加索那样的艺术天赋……其实，每一个学生都是天才，只是，在成长的过程中，这些才能没有被激发出来而已。

　　现在，你一定想知道怎样才能让自己的潜能充分地发挥出来，让自己拥有一个美好的未来，那就仔细阅读《谁绑架了我的未来》吧。这本书将告诉你世界上最浪漫的、最甜蜜的、最有趣的工作是什么，怎样才能成为人人羡慕的航天员，虚幻的网络平台给我们提供了多少种新的职业，它将对你进行正确的职业引导。相信，你的未来一定会更加精彩。

目录

CHAPTER 1 你知道还有这样的职业吗?

CHAPTER 2　你曾羡慕过他们吗？

CHAPTER 3　你知道他们是做什么的吗？

CHAPTER 4　网络催生的职业

CHAPTER 5　绿色职业

你知道还有这样的职业吗？

CHAPTER 1

世界上的职业五花八门，或令人馋涎欲滴，或让人胆战心寒，或使人开怀常乐。小朋友们先跟我们一起来目睹一下几种职业之"最"的风采吧。带着你丰富的想象力，设想一下亲临的感觉，那种感觉肯定前所未有！

Avatar

淘乐斯变身公仔

最浪漫的工作

"逍遥岛主"神仙美眷的浪漫工作

★ ★ ★ ★ ★ ★ ★ ★ ★ ★ ★ ★ ★ ★ ★ ★ ★ ★ ★

一座超豪华的海景房，三间光线充足的卧室，舒坦无比，透过宽敞的落地窗，尽情欣赏太平洋奇丽的日出和梦幻般的日落；在全世界最洁净的海域，或摇起双桨豪放纵歌，或畅游海底同鱼儿嬉戏；在大堡礁的碧海蓝天里惬意地敲击键盘，通过博客、摄影和视频来记录护岛生活的点点滴滴……

噢，多么浪漫幸福的生活，真是只羡岛主不羡仙呀!

你可知道，这还是一份薪水丰厚的职业呢! 岛主在半年后就能获得近70万元人民币的酬劳。

这份"全球最好工作"就是澳大利亚昆士兰旅游局提供的大堡礁的守护者。上帝呀，谁不希望自己就是那位鸿运临头的岛主? 那么，谁能获此殊荣呢?

英国人绍索尔成功击败3.4万名竞争者，加冠为大堡礁第一任"岛主"，他的加拿大女友也随他一起前往大堡礁，尽享"岛主夫人"的无限风光。

我们再来看看这位岛主是否尽职。

绍索尔在担任岛主的六个月期间，过得可谓充实而丰富多彩。

他不肯虚度任何一天，也没有一天的活动内容相雷同。他游遍了大堡礁的角角落落。无论是风帆和四驱车，还是水上飞机，都被他驱驰过，以探索这世界奇观。这其中，最让他感到刺激的事情有两桩，一是意外地与海龟几乎零距离接触，二是乘风扬帆时，与从船下游过的鲸鱼不期而遇。

怎么样，这岛主的工作你想不想试试？

最有趣的工作

真人自动售货机

★ ★ ★ ★ ★ ★ ★ ★ ★ ★ ★ ★ ★ ★ ★ ★ ★ ★ ★ ★

自动售货机对我们来说，已是见怪不怪。在伦敦维多利亚火车站内的一台售货机前，簇拥着许多人。这台机器有何特别之处吗？原来，售货机后面藏了一个大活人。

当顾客照例向售货机内投进硬币时，机器就会发出声音，询问顾客所需要的商品，这声音当然是来自藏在机器后面的真人。那人按照顾客所需将商品扔进洞里，顾客满意地取出商品后，向售货机竖起大拇指，这就意味着交易的顺利完成。

这个人工售货机是由英国的一家食品公司安置在这里的，够有创意的吧？公司市场部经理交代了这样做的理由：他们希望给机器一样忙碌运转的都市人，提供与陌生人交流的意外快乐。

嘿，这真是一项人性化的工作。

最不可思议的工作

被图书馆借出去

★ ★ ★ ★ ★ ★ ★ ★ ★ ★ ★ ★ ★ ★ ★ ★ ★ ★ ★

从图书馆里，只能借到不会说不会笑的书吗？以前是这样，现在可不是了。现在，我们可以从图书馆里借到活生生的人呢。

地处瑞典南部的马尔默图书馆就推出了这样的借阅服务。首次向读者推出了9位可"借阅"人选，其中包括一名记者及一名吉普赛人等。图书馆门外有个温馨的咖啡店，专供借阅者和这些人闲聊，时间限为45分钟。

想象一下，你感兴趣的人物正坐在你的对面，微笑着耐心解答你所提出的问题，那是多么美妙的一件事呀。

吉普赛

最 "有毒" 的工作

给毒蛇挤毒

★★★★★★★★★★★★★★★★★★★★★★★★★

　　毒蛇，一种我们见都不想见的东西，甚至一听到名字就会毛骨悚然。竟然有人以给它挤毒为职业，够恐怖的吧。

　　看来，从事这项职业的人长了一颗虎胆，敢从活生生的毒蛇身上收集毒液。

　　超高的风险也就意味着超高的收入。由于采集毒液是研究和生产抗蛇毒素不可缺少的一环，所以蛇的毒液非常珍贵，价格也相当昂贵。一些蛇毒每克的价格就能达到2000美元。毋庸置疑，收集

蛇毒的工作人员都会有遭蛇咬的可能。不过，我们不必太担心，因为他们这些久经蛇场的人，都会随身携带抗蛇毒素，被蛇咬死的可能性几乎没有。

最奇怪的工作

宠物食品测试员

★ ★

不同的人之间口味都是互不相同的，何况人与畜类之间呢。宠物食品制造商雇佣人来品尝宠物食品，确定口味好坏，真是令人难以置信。

原来这些宠物测试员是经过专门培训的，能够以敏感的味觉来感受食品，检测其口味是否正对猫咪和狗狗的胃口。

可是，这项工作如果让宠物们自己来做，岂不更好？

最舒坦的工作

旅馆睡眠主任

★ ★

　　我们知道，要住旅馆，肯定是要自己掏腰包。可是现在，竟然有旅馆倒贴钞票，请人去住的。真是大千世界，无奇不有啊。

　　利·麦卡伦就是这样一个睡着舒服的觉，挣旅馆老板钱的幸运儿。

　　麦卡伦是英国Travelodge连锁旅馆的睡眠主任，他的工作职责

是睡遍世界各地的Travelodge连锁旅馆的床。他每个礼拜要去这些旅馆睡3到4次觉，以验证这些床的"舒适度"，确保这些床都能达到Travelodge连锁旅馆所要求的"正常标准"。

这项工作的目的是让客人们睡到旅馆的床上比睡在自家床上还舒坦，能很快飘进甜美梦乡。

这可谓是，要让顾客做上帝，先由我来找做上帝的感觉。正如麦卡伦所说："我们总是细致地进行调查研究，尝试各种新颖的方法，确保旅客能够睡得最香。有时只是简单地更换一下床套，就能奇迹般地改善他们的睡眠质量。"

那么，麦卡伦这位睡眠主任的薪酬如何呢？据悉，每年有6万英镑的大钞被轻松拢入他的腰包。

怎么样，如此舒坦的工作，你想不想试一试呢？

最好玩的工作

玩遍全世界乐园的滑道质检员

★ ★

　　游乐园中的戏水滑道，那一定是超刺激超好玩的东西了。想玩这个，估计要花费不少吧，可有个人不但可以免费玩个痛快，甚至还会通过玩而赚钱。唉，真是羡煞人也！那个幸运的家伙是谁呢？

他就是汤米·林奇，他是英国旅游度假巨头"第一选择"旅行公司的员工。他的工作内容就是大玩特玩，玩遍全球的"戏水乐园"。当然，光玩是不行的，他要一边玩一边测试每一座"戏水滑道"的高度、速度、舒适度、安全度以及水质是否达标。

因为许多游客都喜欢在旅游度假时到游乐园中玩"戏水滑道"，所以"第一选择"旅游公司为了开发一些潜在的新戏水旅游线路，感到有必要事先对这些"戏水滑道"的安全性和舒适度进行测试。

汤米的工作就是要确保这些潜在旅游线路景点中的游泳池和"戏水滑道"能够符合"第一选择"公司的安全旅游标准。

迄今为止，汤米已经在全球免费旅行了27000多英里，玩过了欧洲、非洲、南美洲众多国家游乐园中的"戏水滑道"！随着希腊、土耳其、美国佛罗里达州、牙买加和西班牙伊比沙岛的旅游线路开设"戏水滑道"，汤米将继续在游玩中进行"质量检测"。

汤米的工作可谓是"玩转世界各地"！每当他向别人说起自己的工作时，几乎没人相信，世界上竟然有这样的工作！

最省钱的工作

南极水电工：工资高又没处花

★ ★

说到南极，我们就会想到一片白茫茫的冰天雪地，一队队绅士一样的企鹅。你能想到这里也有水电工吗？

"快来吧！"

在离家9000英里远、温度零下50摄氏度的南极荒原上，南极水电工托尼·麦克劳兰正大声呼唤那些还在犹豫中的求职者。可以看出，他的兴奋难以自抑。

托尼已年近五旬，原是英国卢顿市的水电工。当英国南极科考站在英国电视台发布广告招聘一名电工时，英国正遭遇经济危机，所以这份年薪23000英镑，食宿免费的肥差，令人抢破了头，有人称之为"最爽工作"。虽然还有些人对去南极工作持怀疑态度，但仍有成千上万的人奋勇报名，电视台公布的招聘电话快被打爆了。托尼一路过关斩将，所向披靡，一举夺到了这份美差，来到南极罗瑟拉科考站。

这份工作让托尼乐不可支，因为他可以尽情欣赏南极的冰雪风光，并且食宿无忧，甚至往返机票都全部免费。托尼在南极的日常生活所需应有尽有，南极自然没有商场、超市、酒吧等消费场所，

所以他口袋里的钱，根本没有地方花出去，只能送到银行里储存起来。

托尼兴高采烈地说："这里所有的同事都亲如兄弟，我的工作令人兴奋。英国南极科考站还要在英国招聘水管工、木匠和厨师。我知道有些人对来南极工作还有所质疑，不过，大家尽可以相信我，快来吧！"

怎么样，听了托尼的宣传，你想到南极工作吗？

最醉人的工作

啤酒品尝师

★ ★

天天免费喝啤酒，那可真是天下男人梦寐以求的好事了，但却有一位女士正在替他们实现梦想。

海伦·摩勒斯是英国特易购连锁超市的全球啤酒采购员，这份

工作的内容就是品尝啤酒。从上任以来，她在3年多的时间里，至少品尝过1000种啤酒。除了喝酒，她还享受免费旅行。为找寻美味独具的啤酒，海伦已踏遍全球30多个国家，包括南非、肯尼亚和澳大利亚。

海伦非常喜欢这份啤酒品尝师的工作，即使有时候，她每天早晨9点半就被迫开始品尝啤酒。

啤酒品尝师与葡萄酒品尝师不同，品尝葡萄酒时，只需将酒含在嘴里，如果感觉味道不妙，只管吐掉；可是品尝啤酒必须咽下肚去，才能品尝出它的真正滋味。所以，海伦有时一次要品尝20多种不同的啤酒。那种滋味可想而知了。

当然，海伦的工作也可以变得很浪漫，那就是将"工作"带回家，和会计师男友乔纳森·格林菲尔德一起品尝，分析酒味。

最甜蜜的工作

糖果品尝师

★ ★ ★ ★ ★ ★ ★ ★ ★ ★ ★ ★ ★ ★ ★ ★ ★ ★ ★ ★

虽然家长总是叮嘱孩子们要少吃糖，以免虫子钻牙，可是看到包装精美、甜蜜可口的各式糖果，哪个孩子会不动心？

来自英格兰艾塞克斯郡比利列卡尔镇的少年哈利·威尔舍，与同龄孩子一样酷爱糖果。

从外表上看，哈利没什么超人之处，甚至还戴着一副不太雅观的牙箍，但他拥有与生俱来的超敏感味觉，这居然为他赢来了一份甜蜜的工作——糖果品尝师。

英国老牌糖果公司"Swizzells marlow"举办了一次品尝竞赛，哈利从上千名竞争者中脱颖而出，一举夺得冠军。话说当时的比赛场面激烈万分。当轮到哈利上场时，他首先朝着诸位评委礼貌地鞠了一躬，然后从容地拿起一根他最喜欢的"鸡腿棒棒糖"，非常老道地用鼻子嗅了嗅，再将它送进嘴里。当这枚棒棒糖的味感和配方被这个孩子分析得头头是道时，所有的评委都目瞪口呆，全场观众和选手皆为之震惊。要知道，这可是这家糖果公司的"最高商业机密"，如今竟被一个孩子点破！就这样，哈利被当场聘为"首席品尝师"，成为该公司成立以来最年轻的"首席品尝师"，这份

"世界上最甜蜜的工作"从此为他所有了。

公司将这位神奇男孩当做宝贝，不但为他专门印制了精美名片，还派专人带他将工厂的里里外外参观了个遍。

每3个月品尝一批最新出产的糖果，这成为哈利的分内工作，当然这以后他就不得再向任何人透露糖果配方的秘密了。

这样甜蜜的工作不仅哈利一人拥有，还有一位的甜蜜工作也同样令我们羡慕，他日进甜食一千克却照样身材苗条。他就是英国的安格斯·肯尼迪。

每天早晨，安格斯·肯尼迪走进位于英国肯特郡乡下的办公室，愉快地开始一天的工作。他的面前不是一摞文件，而是巧克力、点心和太妃糖等甜食，因为他正是一名甜品试吃员。

肯尼迪在一本糖果贸易杂志担任主编，负责品鉴各路美味甜食。这份工作看似轻松，但工作量却不小。他每月至少要为200种甜食撰写评论。参加贸易展览会时，他一天下来要吃掉大约0.9千克甜食。

肯尼迪对待工作严谨认真。英国《每日邮报》曾援引他的话报道："除非我亲自品尝，否则拒绝为任何产品写评论。"

照理说，按肯尼迪这种吃法，他早该胖到膀大腰圆。但让人嫉妒的是，他至今身材苗条，瘦得"像一根巧克力手指饼"。

肯尼迪说："我一周健身两次，还曾效力于英国划船队，因此我知道锻炼多久才能充分燃烧脂肪，例如在跑步机上跑20分钟能耗掉4小条巧克力的热量，一块小饼干的热量等于7分钟速度划船的消耗量。"

这本杂志已有120年的历史，在业内久负盛名，5000多名订户遍布全球，几十年前由肯尼迪父母接手出版工作。生于一个"甜蜜"家庭，肯尼迪10岁起就参与杂志编写工作，开辟"甜甜角"专栏，后来从父母手中接管杂志。

如今，不仅妻子索菲·肯尼迪也在杂志社工作，他的四个子女也练出"灵敏嘴巴"，在巧克力品鉴方面颇有心得。

怎么样，看了他们甜蜜的工作，你动心了吗？

最匪夷所思的工作

对着奶牛打太极

★ ★ ★ ★ ★ ★ ★ ★ ★ ★ ★ ★ ★ ★ ★ ★ ★ ★ ★ ★

在英国的一个奶牛场，每天早晨人们都能看到身穿蓝色工作服和一双防水长靴的农夫Rob Taverner在一招一式、一丝不苟地为奶牛们表演太极拳。

原来，他认为动物非常容易感染到人类情感，而太极是一种能让人回归自然状态，将一切烦恼抛诸脑后的活动，所以他认为他的表演也会让这些奶牛感受到自然纯真的快乐，从而为他产出更多的牛奶。最令人惊奇的是，奶牛好像非常配合他的理论，真的不负所望，为他产出了更多的牛奶。

也许，在这个成功经验的驱使下，"对牛打太极"将会成为全世界奶牛养殖场的一道靓丽风景。

最有味道的工作

美食旅行家

★ ★

　　尽情地旅行，尽情地大吃特吃当地美味，唉，真是令人馋涎欲滴的工作呀。谁能拥有这样的工作呢？

　　当然是美食旅行家喽。他们打着正字旗号，走遍天下，吃遍天下。以一本《厨房机密档案》闻名全球的纽约名厨波登，日前就出发到世界各地旅行，一边吃一边撰写《名厨吃四方》，从厨师的角度，以独特的观点来看这个世界。他的行程走到后半部时，Knowledge旅游探险频道的两位摄影师也加入进去，实行这个"全球吃透透"的计划。

　　这份工作可算是世界上最有味道的工作了。

最畅快的工作

职业杀价手

★ ★

俗话说："买的不如卖的精。"精明的商家惯于漫天要价，顾客再聪明，也深深感受到"明枪易躲，暗箭难防"之痛。而那些拙口笨舌的人就只得去商场超市买明码标价的物品了。就是这样的一种尴尬，促成了"职业杀价手"这一新兴职业的诞生。

"职业杀价手"是如何进行工作的呢？

这些职业杀价手一般都能说会道，有一定的销售经验，他们根据自己以往销售的"伎俩"，看穿商人的价格底线，从而帮助客户购买到尽量便宜的商品。他们砍价的金额从几百到几千不等，然后他们从所砍掉的部分中抽取一定百分比作为自己的报酬。

不仅在现实生活中出现了杀价手，就

连网络上也出现了专业的"砍价师"。

热衷于网络购物的齐阿姨在网上看中了一盏欧式吊灯，网络售价是1780元，可齐阿姨能接受的价格是1200元，她正犹豫时，无意中在另一个网页中浏览到砍价师帮人砍价的广告，收费标准是砍掉价钱的10%，不成功不要钱。

齐阿姨抱着试试看的想法与砍价师联系，大概是过了一个半小时，砍价师就告诉她说卖家允许的最低价格是1300元一盏。虽然这个价格比1200元高出100元，但相比原价1780元来说，已经非常便宜了，于是齐阿姨买下了吊灯，并支付砍价师48元的砍价费。

这样靠自己的三寸不烂之舌，凭自己对市场信息的准确把握，和对商品本身价值的准确定位，为不会砍价的购买者省钱，既能使自己过一把口舌之瘾，又能获得不菲的收入，大有"天下寒士俱欢颜"的淋漓畅快，这大概是最"损人利己"的"杀手"了。

如果你有这方面的天赋，并且也希望把它视为一种职业或一份兼职工作，不妨一试。

最受求职者欢迎的工作

消息剖析师

★ ★

　　小朋友，你的周围是不是有很多人在找工作？他们是不是每天跑很多的招聘会，投很多的简历，浪费了很多时间和金钱，却一无所获？如果有，你可以建议他们去咨询一下消息剖析师。很诧异吧，还有消息剖析师这样的职业？

　　消息剖析师，顾名思义，就是为求职者提供确切消息，指明方向的人。当然，他们也会为用人单位服务，帮他们择优录取英才。

　　这种职业是近年来才诞生的，一出现就颇受欢迎，正好适应了目前社会人才大量流动的需要，可谓是"应运而生"。

　　消息剖析师不但是求职者的导师，还可以做"媒人"，在求职者与用人单位之间牵线搭桥。

　　除此之外，他们的后期服务也是相当到位的呢，比如：劳资社会保险纠纷的举证、搜罗、整顿、剖析和预料等，帮助求职者和用人单位解决了不少麻烦。

　　怎么样，你对这样的职业感不感兴趣？想不想成为受大家欢迎的消息剖析师？

　　但有一点你要清楚：这份职业对从业者的要求是相当高的：

首先，你要熟识人才市场的供求行情，熟知各种行业和岗位的职责、技巧要求；

其次，你得具备极好的沟通能力，还要有相应的调查、搜集、分析和整理数据的能力，并且能形成科学的辨析和预料报告，为顾客提供有价值的消息，从而领导市场。

信息管理专业是这一行业的首选对应专业，它运用计算机、网络等办公手段进行消息的收集、传递、存储、加工和运用，并利用各种剖析方式整顿出相关的消息辅佐指导决策，高效、高质。

人力资源专业由于在英才测验、选拔、造就、搭配，以及调剂人与人之间的关系上行之有效，对工作辨析有着很好的协助作用。

而如果这两个专业的学生可以互相辅修另一个专业，那就锦上添花了。公共事业管理、普查学、应用心理学再辅修信息类专业，未来也有时机进去这一职业。

最善于捕捉新闻的工作

新闻线人

★ ★ ★ ★ ★ ★ ★ ★ ★ ★ ★ ★ ★ ★ ★ ★ ★ ★ ★ ★

如果你是一个有心的人，在你看电视，看报纸的时候，一定会发现这样的广告或消息："凡为本台（本报）提供消息者，一旦被采用，您将获得xxx数额不等的报酬。"

这就是新闻线人，通过提供新闻线索而从新闻媒体获得报酬的人。相比媒体记者来说，他们才是"离新闻最近的人"。因为新闻记者不可能预知到哪天会发生什么事，也就不可能总是第一时间出现在事发现场。

对于那些突发性的新闻，最先接触到的人就是来自新闻发生地的人，他们或是给媒体打电话告知，或是用自己的方式将新闻记录拍摄下来发给媒体。

这些新闻线人一般都有着自己的第一职业，只是与普通人相比，他们更善于发现生活中有价值的新闻，能用自己敏锐超前的眼光捕捉到最能吸引人眼球的新闻线索，然后以最快速度通知报社或电视台。

新闻线人拉近了媒体与公民之间的距离。这些人来自社会的各个阶层，可能是公务员，也可能是学生，还可能是司机。

　　新闻线人这一职业的出现，源于各大都市类报纸对独家新闻和第一手新闻的需求。近几年，更有人把这作为自己的第一职业，不惜重金配置大量先进的设备、交通工具等，穿梭于我们生活中的每一个角落，及时捕捉有价值的新闻，让我们能在第一时间了解身边发生的大事小情，同时他们自己也能得到丰厚的报酬。

　　想做新闻线人，也是需要几方面条件的：

　　首先，你的关系网要广、信息要灵、要有新闻敏感性；

　　其次，你要腿脚勤，不停地奔走于那些易获得新闻线索的单位和场所；

　　然后，你的反应速度还要快，一旦发现有价值的新闻线索，要立即以最快的速度通知媒体，不要让别人捷足先登哦。

最"识货"的工作

价格鉴证师

★ ★

他们不是警察，但很多案件没有他们就不能结案；他们也没有火眼金睛，但逼真的冒牌货、"高价名贵"的物品都会在他们眼前现出原形——

在当今社会中，无论是司法、行政领域里，还是日常生活中，几乎处处都会碰到价格问题：小偷偷盗的东西，究竟值多少钱？涉及罪与非罪、量刑的轻重。车祸发生了，受损的物品到底价值多少？车主、保险公司及相关利益方往往各执一词。要拆迁了，相关企业的设备、设施的搬迁补偿价格谁来认定？但凡种种，都需要一个部门来调解争议，给出一个大家都能接受的有说服力的价格。

这就是价格鉴证师所要做的工作。

价格鉴证的范围从

生活资料到生产资料；从具体有形的资产到知识产权等无形资产；从动产到不动产，涉及范围很广。具体来说，一个价格鉴证师可能鉴证的东西会涉及金银首饰、珠宝玉器、书画文物、花木盆景、家电汽车、设备设施、建设工程、房屋装饰等，林林总总。

　　但价格鉴证师也不是圣人，不可能做到事事精通，面面俱到。即便是最牛的价格鉴证师，也有鉴证盲区。一般的从业者认为，灭失物、文物古玩、非标准设备、火灾损失最难评估。文物古玩、非标准设备等专业性特别强、门类分得特别细的行业，往往需要此方面的专家来进行；在火灾中，大部分有价值的房产、设备等等都毁于一旦，根本找不到可以分析的事物。还有，现在很多的假冒奢侈品做假工艺都十分老到，几乎可以做到以假乱真，因而辨别其真伪的难度也较大。

　　一位价格鉴证师曾说："价格鉴证，是个吃力不讨好的活。"如果鉴证师看走眼了，承担的责任就太大了。所以价格鉴证师们都是考证"狂人"，他们往往集注册造价工程师、注册房地产估价师、土地估价师等证书于一身，力求让他们的鉴定工作更加专业合理。

　　小朋友，如果你对这个职业感兴趣，那么你将来可以学习法律类专业和经济类专业，如财务管理、会计、经济学、金融学、财政学等专业。

　　加油，争取给自己练就成火眼金睛吧！

最富想象力的工作

游戏设计师

★ ★ ★ ★ ★ ★ ★ ★ ★ ★ ★ ★ ★ ★ ★ ★ ★

　　你喜欢玩电子游戏吗？你觉得现在五花八门的电子游戏设计的怎么样？是不是有些游戏玩起来还不够过瘾？你有没有想过有一天能自己亲自设计一款游戏呢？

　　游戏设计师，又称为游戏策划，是游戏开发公司中的一员，主要职责是负责游戏项目的设计以及管理等策划工作。他们的主要职责是：

　　以创建者和维护者的身份参与到游戏的世界，将自己的想法和设计传递给程序和美术设计者；

　　设计游戏世界中的角色，并赋予他们性格和灵魂；

　　在游戏世界中添加各种有趣的故事和事件，丰富整个游戏世界的内容；

　　调节游戏中的变量和数值，使游戏世界平衡稳定；

　　制作丰富多彩的游戏技能和战斗系统；

　　设计前人没有想过的游戏玩法和系统，带给玩家前所未有的快乐。

　　通常，游戏策划在大部分公司都会有其更详尽的分工，比如：

游戏主设计师：又称为游戏策划主管。他们是游戏项目的整体策划者，主要工作职责是设计游戏的整体概念以及日常工作中的管理和协调。同时负责指导策划组以下的成员进行游戏设计工作。

游戏系统设计师：又称为游戏规则设计师。他们主要负责游戏的一些系统规则的编写、系统策划，和程序设计者的工作紧密相关。

游戏数值设计师：又称为游戏平衡性设计师。他们主要负责游戏平衡性方面的规则和系统的设计，包括AI、关卡等，剧情方面以外的内容都需要数值策划负责。游戏数值策划的日常工作和数据打的交道比较多，如我们在游戏中所见的武器伤害值，甚至包括战斗的公式等等都由数值策划所设计。

游戏关卡设计师：他们主要负责游戏场景的设计以及任务流

程、关卡难度的设计，其工作包罗万象，包括场景中的怪物分布、AI设计以及游戏中的陷阱等都会涉及。简单来说，关卡策划就是游戏世界的主要创造者之一。

游戏剧情设计师：又称为游戏文案策划。他们负责游戏的背景以及任务对话等内容的设计。游戏的剧情策划不仅仅只是自己埋头写游戏剧情而已，而且还要与关卡策划者配合好设计游戏关卡的工作。

游戏脚本设计师：他们主要负责游戏中脚本程序的编写，类似于程序员但又不同于程序员，因为他们还会负责游戏概念上的一些设计工作。他们通常是游戏设计的执行者。

看看，一款游戏的设计有这么多分工呢！你想做其中的哪一种？如果想好了，就赶快去学习相关的专业知识和技能吧！我们等待着你开发的游戏哦。

最抢手的工作

小语种导游

★ ★ ★ ★ ★ ★ ★ ★ ★ ★ ★ ★ ★ ★ ★ ★ ★ ★ ★ ★

随着我们国家的发展和强大，越来越多的外国朋友都来到中国，渴望了解这个伟大的东方国度。可是，世界各地的外国友人到中国旅游，有时却面临一个不大不小的难题——缺少导游。当然，这里所说的导游，是指那些懂小语种的导游。

"小语种"，顾名思义，就是相对英语这些应用面很广、用者甚众的外语而言的，只在少数国家应用的外语语种。对小语种的定义一般有两种：一种是指除联合国通用语种（英语、中文、法语、俄语、西班牙语、阿拉伯语）外的所有语种；而我们则通常认为英语是通用语种，其他语种都是非通用语种，因此小语种的另一种定义就是指除英语以外的其他语种。

经历了北京奥运会、上海世博会以后，各地旅游局更加重视对小语种导游的培训指导工作。如果小朋友们对外语感兴趣，就多学几种吧！

下面给小朋友们提供一下学习小语种的途径：除了一些学校开办小语种课程外，社会上各类小语种学习班也如雨后春笋般涌现。我们可以在学校和学习班学习小语种语言，也完全可以借助电视、

收音机以及网络来自学。一些地方还可以接收到小语种电视信号（比如，借助卫星电视）。短波收音机是学习小语种语言的非常便利的手段，可以接收到很多小语种国家的广播。而网络则是学习小语种的极佳的武器，可以直接收看小语种国家的电视节目，收听那些小语种国家的广播。我国的国家广播电台（中国国际广播电台）也有很多种语言的对外广播。而且网上有海量的小语种学习资料，很多是英文与小语种对照的资料。在百度视频中搜索常见的小语种语言，几乎都可以找到视频教程。国内图书馆和书店也比以前更容易借阅到和买到各类小语种书籍和音像教材。

你曾羡慕过他们吗？

CHAPTER 2

大多数小朋友都知道古代社会基本上是男耕女织的生活状态，却不知道古代还有许多很小资的职业令人羡慕呢。他们做着轻松的工作，享受着较优越的报酬，并且受着人们的爱戴与敬佩，当然，其中有几项职业可是要冒极大风险的哟。

Spider Man

淘乐斯变身公仔

飞翔在民间的蜜蜂

采诗官

★ ★ ★ ★ ★ ★ ★ ★ ★ ★ ★ ★ ★ ★ ★ ★ ★ ★ ★ ★

　　蜜蜂飞翔在花丛中，采得百花酿成蜜。采诗官飞翔在民间，采集民意和风情，酿成歌行与诗篇。

　　在所有与文化沾边儿的职业中，采诗官算是最古老也最具有文化品位的一种了。他们的出现，大约可追溯到遥远的周代。

　　他们以诗歌的名义，非常体面地走遍天下，所以他们像蜜蜂受花儿欢迎一样，为广大人民所喜爱。当民间疾苦以民歌的形式传到周王和其他诸侯耳朵里时，更容易被接受与重视。

　　所以说，采诗官在他们的那个时代里，实际上是担当了国家的民意调查员、新闻记者和国家诗歌记录者三重责任。唯一遗憾的是，我们无从获知这些采诗官的具体名字，他们已经在历史的深远处浓缩为一个美丽的名

词。虽然我们无法辨别他们的面目，但他们的动人光辉就像那眼清澈的古井一样，衬映着时代的春天。

这些采诗官的薪水几何已无从调查，只知道他们必须是有文化的人。他们对民意民风的忠实记录，显然为大众所认可与欢迎。所以采诗官来到村庄的日子，往往就是村民的一个特殊节日。

想象一下，那些朴实的村民们备了美酒，拿出过年时特意留下的半只风干的羊腿，来欢迎心目中圣洁伟大的人。也许，那位气度非凡的采诗官将会和村庄里的一位女子发生美丽的爱情。然后，他们携手回到上古简陋的王城，在一灯如豆下，细心整理那些似乎还散发着乡土气息的诗和歌。这是一幅多么美丽的场景。

采诗官在做这一切的时候，只是认真地做着，他并不知道，那些寂静深夜刻画下的象形文字，将会成为一个古老国度的文学源头，正为人间迎来一场文学盛宴。

仗剑行天涯

侠客

★ ★

"风萧萧兮易水寒，壮士一去兮不复还。"侠客的一曲别歌，至今还回响在易水河的上空，荆轲的魂魄，早已化作一缕悲壮和遗憾。

古代的侠客们似乎只为世间不平事而出生，他们是在为那些弱势群体活着，为他们抱打不平，甚至不惜牺牲生命。

韩非子是一位法制观念极强的知识分子，他坚持要用法来治理国家，因而对这些目无王法的侠客们深感头痛，他在自己的著作里很不留情地批评他们说："侠以武犯禁。"但是侠客们并不买账，仍旧仗剑走天下。

侠客中名气最大的当然是刺秦王的荆轲了，可惜他的刺杀计划在秦廷高大的廊柱下落空了。还有人认为比荆轲更优秀和更有趣的侠客是另外两个——聂政和豫让。

据说，聂政原本是位屠夫，侠客则是他的兼职。有一次，他行侠杀人闯了祸，只好带母亲和姐姐逃到齐国，打算隐姓埋名老老实实当屠夫。

但"人在江湖，身不由己"，侠客之名使他挡不住贵族的打

扰：韩国的严仲子带着大额黄金毕恭毕敬地跑来找他，要他杀掉韩国相国侠累。聂政当时是推辞了的，也没有收下黄金。因为他认为母亲尚在人世，姐姐也没有出嫁，自己还没有权力去死。

不久，聂政的母亲去世了，严仲子立即跑来吊孝，而且行以大礼，这一招果然打动了聂政。他埋葬好母亲之后，马上将姐姐嫁了人，然后就跑去刺杀侠累了。

可怜这侠累贵为相国，空有几十名护卫，竟然挡不住武功高强的聂政。他从相国府门外一路杀进大厅，一剑将侠累刺死。此时，侠累的护卫们才围了过来。

聂政知道无计逃脱，就举剑自杀。咽气之前，他还用长剑挖出自己的眼珠，用剑毁了容。

他这样做是为了不让人们认出他，以免连累他亲爱的可怜的姐姐。

韩国朝廷为了弄明白刺客是谁，张贴告示悬赏能认出这具尸体者。令人大为吃惊的是，聂政的姐姐听说后，马上知道了这个刺客是弟弟，就自己送上门，跑到聂政的尸体旁大哭，还坦白说这是她弟弟聂政。可惜聂政的一番苦心都白费了。看管尸体的官员问她："你不怕被牵连吗？"姐姐说："我弟弟划烂了脸，抠出了眼珠，就是为了不让你们认出他，以便保全我。可这样一来，他的英名不是被埋没了吗？我岂能为了保全自己而让英勇的弟弟死得默默无闻呢？"说罢，她大叫三声"天哪！"便在弟弟的尸体旁气绝身亡，也算得上一位侠女吧。

豫让则是个有趣的侠客。他为了替旧主人智伯报仇，三番五次地刺杀赵襄子。最后一次，豫让用漆涂遍全身，还吞炭使声音嘶哑，然后潜伏在桥下，伺机谋杀赵襄子，结果被赵襄子拘捕。临死时，他向赵襄子求来了衣服，拔剑剁那衣服，以表示为主人报仇，然后自杀。

看来，侠客真是个高风险的职业。自古以来，有多少侠客能存活长久？所以，他们拔出的那柄剑是双刃的，痛和快也就构成了侠客人生的主旋律，他们用血光打造了人生华美的装饰品。

古代艺术家的最高成就

宫廷音乐家

★ ★ ★ ★ ★ ★ ★ ★ ★ ★ ★ ★ ★ ★ ★ ★ ★ ★ ★ ★

　　据说，距今五千年前的黄帝时代，有一位名叫做伶伦的音乐家，他进入西方昆仑山内采竹为笛。当时恰有五只凤凰在空中飞鸣，他便合其音而定律，这位伶伦可以算得上是黄帝时代的宫廷音乐家了吧！

　　即使这只是传说，宫廷音乐家的出现，最迟也是在周代，那时的亭台楼阁间就已点缀了怀抱古琴的雅士身影。

　　面朝黄土背朝天的劳动人民那时是不懂高雅音乐的，但宫廷里的贵族士大夫们懂。汉代的李延年和唐代的李龟年就代表了高雅音乐的最高成就，每当他们

有新作品问世，听到的人无不发出会心的微笑。对此，史书上是有明确记载的："每为新声变曲，闻者莫不感动。"这对一个以艺术为己任的人而言，难道不是一种最高奖赏吗？我们来看看下面这首歌：

> 北方有佳人，
>
> 绝世而独立。
>
> 一顾倾人城，
>
> 再顾倾人国。
>
> 宁不知倾城与倾国，
>
> 佳人难再得。

这是李延年为汉武帝唱的一首歌。皇帝听完歌后，捋着龙须，深有感慨地说："好呀，只是这世上到哪里去找这样的佳人呢？"当时在场听歌的平阳公主说了一句话："李延年的妹妹就是这样的佳人呀。"

于是，李延年的妹妹幸运地嫁给了至高无上的汉武帝。只可惜这位夫人红颜早逝，使汉武帝哀伤不止，并作了一首挽诗，让李延年配上乐，"令乐府诸音家弦歌之"。这首诗虽短小，在当时却也称得上是极品：

> 是邪，非邪？
>
> 立而望之，
>
> 偏何姗姗其来迟？

你知道我的快乐吗

太守

★ ★ ★ ★ ★ ★ ★ ★ ★ ★ ★ ★ ★ ★ ★ ★ ★ ★ ★ ★

老夫聊发少年狂。

左牵黄，右擎苍。

锦帽貂裘，千骑卷平冈。

欲报倾城随太守，亲射虎，看孙郎。

这几句出自苏轼的《江城子·密州出猎》，从这几句词中，我们已能大体勾勒出太守的形象了吧。

太守是高级的地方官员，它在历朝历代的称呼有些出入，比如刺史、知州、知府等，这官职也就相当于今天的地级市市长，他们构成了中华帝国统治的主体骨架。

太守是一种非常惬意的职业，尤其是在那些歌舞升平的和平年代，太守简直就是风花雪月的代名词。看看我们所熟悉的几位风流文人：谢灵运、王昌龄、韩愈、柳宗元、杜牧、欧阳修、苏轼、陆游等等，他们都做过太守。

是他们成就了太守的惬意，还是太守成就了他们的文名？在这些人担任太守之时，都有那么几点共同之处：

其一，他们在任之时，大抵是国家平静，境内安宁，他们闲来

就干些重修岳阳楼或是登临醉翁亭之类的闲雅事。

其二，他们本身都是名噪一时的文人，有的甚至是当时的文坛领袖，他们的话语权自是很有分量了。

其三，太守一职虽非至高，但也非无名小吏可比，所以人生的各种欲望几乎都能得到很好的满足，不用为衣食所忧，自然闲雅惬意了。

怎么样，羡慕了吧？

让我离人间更远些

隐士

★ ★ ★ ★ ★ ★ ★ ★ ★ ★ ★ ★ ★ ★ ★ ★ ★ ★ ★ ★

这里说的隐士，当然是指那些有名气的人退出官场，隐身草莽或农田了。如果是一般的平民百姓，待在农田一辈子也是分内之事，没人说他们是隐士。

隐士既隐，当然是认为自己与人世间的污浊水火不相容了，他们想守持自身清洁，因而与山水为伴。他们放弃荣华，远离喧嚣，只求耳根清净，全身清爽。

让我离人间更远些吧，所有的古代隐士大概至今还在墓穴中发出这样的喃喃自语。

隐士绝非两袖清风者所能胜任，要想当隐士，得有良好的经济后盾，不然只能饿死清溪边。

就拿陶渊明来说吧，大家都知道他不愿为五斗米折腰，那是因为他根本就不缺这五斗米，他的家业足够他无忧无虑地风花雪月一番了。"种豆南山下，草盛豆苗稀"，这可是农民之大忌，简直能让人哭干眼泪，可陶隐士竟然以此为消遣，足见他的经济条件有多好。

隐士越隐，就越有名气，帝王就越想请他们出山。朝廷认为，

隐士高洁神圣，天文地理无所不精，能为国家的兴旺做出大贡献。所以，很多帝王会"三顾茅庐"。

据说，许由先生是上古尧帝时代的大隐士，尧几次决定将王位传给他，许由都坚决反对。后来，坚持不懈的尧又要许由出任九州长，可是，许由连王位也不要，哪里还会做什么九州长呢？果然，许由听了很生气，认为尧的话已经严重污染了他的耳朵，于是跑到淇水边将耳朵洗了又洗。

不过，也不是所有的隐士都甘愿隐逸一生的。有很多人做隐士，正是为了出仕。唐代的卢藏用想入朝做官，就隐居在京城长安附近的终南山，借此得到很大的名声，终于达到了做官的目的。他的入仕之路从此就被称为"终南捷径"了。

悬壶济世的高人

名医

★ ★ ★ ★ ★ ★ ★ ★ ★ ★ ★ ★ ★ ★ ★ ★ ★ ★ ★ ★

　　名医在古代算是极受人尊敬的职业了，所以有古语总结说："不为良相，便为良将；不为良将，便为良医。"将良医列举在良相和良将之后，足见这种治病救人的职业在古代中国的社会地位有多崇高了。

　　名医之所以尊贵，受人敬畏，是因为他们能救死扶伤。而且在当时，医生一职的竞争性很小，人们没有过多的选择，自然要非常尊重身边的医生了。可以说上自达官贵人，下至平民百姓，每个人都对名医高看几分。这种敬畏，归根结底，乃是对自己生命和健康的无比重视。

　　名医一般年过四旬，有着硬朗的身体，敏锐的目光和敏感的触觉，"请伸出你的舌头，让我看看你的舌苔吧。"这是名医对病人常说的一句话。他们坐在悬挂着名人字画和"悬壶济世"金匾的大厅里，用慈祥温婉的声音为每一位患者送去希望。

　　当然，名医并非一从医就出了名，他们在年轻的时候，可能也要行走于风尘之中，主动到病人门上问诊，以致后来积累了丰富的经验，构筑了良好的声名后，就可安坐中堂，静等病者上门求诊。

　　但是，名医也不一定是最好的医生。在历史上就有这样的一个故事：

　　魏文王问名医扁鹊说："你们家兄弟三人，都精于医术，到底哪一位最好呢？"

　　扁鹊答："长兄最好，中兄次之，我最差。"

　　文王很奇怪："那么为什么你最出名呢？"

　　扁鹊答："长兄治病，是治病于病情发作之前。由于一般人不知道他事先能铲除病因，所以他的名气无法传出去；中兄治病，是治病于病情初起时。一般人以为他只能治轻微的小病，所以他的名气只及本乡里。而我是治病于病情严重之时。一般人都看到我在经脉上穿针放血、在皮肤上敷药等大手术，所以以为我的医术高明，名气因此响遍全国。"

寂寞中的智者

图书馆馆长

　　一群人"吭哧吭哧"地抬着竹简走到太阳下，一位额头突出，两眼清亮的老者在指挥他们翻晒。这位老者就是中国第一位皇家图书馆馆长——《道德经》的作者老子，真名叫李耳。他这名号虽能

吓死人，但他其实真没什么事情可做。

相比于都市的繁华，图书馆可谓是寂寞之地，而寂寞图书馆内的寂寞馆长，也只余晒书工作了，有的小朋友可能会问："那么多的书，他为什么不如饥似渴地阅读呢？"

你想呀，像他这样的大明大智之人，哪里需要再去阅读那些人云亦云的凡字俗品呢？所以他更显寂寞了。

寂寞使人心境恬静，玄想之中必有大彻大悟。

老子每天的功课就是独自静坐在窗前的席上，闭目玄思。窗外桃花的开落、睡莲的摇曳、菊朵和梅枝的变幻都令他感觉到四季的交替，生命的游走和人世的悄悄变幻。

老子寂寞冥思的结果是写下了不朽的著作——《道德经》。

令现代文人吃惊与羞愧的是，这部全世界最重要的著作之一，居然只有短短的五千字。换在今天，这才是小说家们小说的开篇部分。

可这五千颗灵性的汉字竟然将天地间的道理阐述得无比透彻明白，圣人就是圣人，字字珠玑，不同凡响。

孩子们，上课啦

教书先生

★ ★

在老子的寂寞图书馆里，常有一位年轻人跑来东看看，西问问，他就是孔子。

孔子那个时代，只有贵族子弟才能上学。孔子对此看不惯，就首家开创私学，并且用"有教无类"的办学方针吸引了普通劳动人民的子弟前来就读，这就使他从教书先生一跃而成为教育家。

我们为了考上大学，每天受着书本知识的煎熬，想想孔子老师的教学方式，真是令人艳羡。

他坐在老家曲阜的杏林里，大大小小的学生们围着他团团而坐，孔子老师清清嗓子后就能语言流畅，随心所欲地讲上两个时辰。其他时候，孔子老师会用事先设计好的各种问题，逐一考问他的弟子们，验证他们的悟性。到了后来，他干脆带着弟子们读万卷书，行万里路。师生一起坐着车周游列国，人生的各种问题就在这种壮游与讲学中得到合理的诠释。

不过，孔子只有一个，以后的几千年中，再没有一位教书先生能超过孔子。

古代担任教书先生的主要是科举落第的秀才，其次是未中秀

才的童生，只有极少数是例外。教书先生的从教模式主要分两种情况：一是自己开办私塾施教，二是被延请施教。

先生自己开办的私塾称为"门馆"或"家塾"，就是老师在自己家里或借祠堂、庙宇，或租借他人房屋设馆招收附近学童就读。

延请先生任教的私塾又分三种情况：一是"坐馆"、"教馆"，就是富贵人家独自一家聘请教师在家设馆，专教自家子弟及亲友子弟。二是"村塾"、"族塾"，就是由一村或一族建房屋请先生教授其子弟。三是"社学"、"义塾"或"义学"，即由私人或私人团体创办并主持、经营和管理的私塾，请老师教育当地百姓子女。

古代教书先生的待遇主要由脩金（或等值的实物，别称"束脩"）构成。此外，还有膳食（即提供吃住）及节假日的红包或礼物等。由于施教模式、私塾先生的学养及声望、学东家境及态度等不同，私塾先生所获得的收入多少也存在很大差异。

脚下有灵魂和远方

探险家

★ ★ ★ ★ ★ ★ ★ ★ ★ ★ ★ ★ ★ ★ ★ ★ ★ ★ ★

一个人，一头毛驴，居然走遍大半个中国，400年前的探险家徐霞客，在中国探险史上留下了一个最美丽的剪影。

不需要质问理由，他探险只因为脚下有路，路伸向远方，就像登山运动员因为看到山在那里就勇敢登攀，就像鸟儿看到天空在那里就展翅飞翔一样。

探险家的灵魂在远方，这就注定了他们的马不停蹄，风雨兼程，因为他们是那么热爱远方。因为远方的灵魂时刻在召唤他们的脚步前往。

徐霞客是中国为数不多的探险家中的佼佼者，他几经涉险，却是险中求生，成功达成旅游探险的目的。他的游记为后人研究自然气候地貌等提供了宝贵的史料。

还有那位大名鼎鼎的玄奘。玄奘是一位前往佛教发源地印度取经的和尚。他从中国出发，旅途历时16年，行程达6.4万千米，途经阿富汗、克什米尔和印度北方等地。玄奘在旅途中多次遇险，但他一一克服，终于取得真经。

"他们惊世的成就往往只是源于他们对自己灵魂的抚慰，当灵

魂像一缕午后的清风拂过，他们便隐隐感觉到了命运的不可抗拒的召唤，于是他们必须通过某种不同世俗的方式去作一次次灵魂的远行和梦想的游戏，他们的生命才会有星月般的光辉将其黯淡的人生照亮……鸟儿已经飞过，天空不留痕迹……"

这是一位有识之士送给探险家最好的赞美诗。

赢得生前身后名

画师

★ ★

　　古代画师一般指的是宫廷画师，专为皇室画画。他们参加宫女入选和其他一些重大的礼仪活动。

　　中国古代有很多著名的画师。唐代的韩干是京都地区人，擅长画肖像人物，尤其是画马。他有着独特的画风，着重描绘马的风采神态，对后世影响很大。

　　传说有一次，唐玄宗召他入朝廷作画，同时还召来他的老师陈闳进宫来画马，皇上见韩干画的马跟老师画的不一样，就要指责他。韩干回答说："我画马有自己的老师。皇上的御马，就是我的老师。"玄宗皇帝听后感到诧异。再一细看，韩干画的果然都是他的御马，而且，栩栩如生地画出了"飞龙"马健美的形象，"喷玉"马奇特的神韵。

范宽是北宋画师，擅长画山水，"善于与山水传神"。在画画方面，他的一句至理名言是："与其师人，不若师诸造化。"所以他常居于山林之间，危坐终日，观察云烟风月阴霁的变化。他的画用笔雄劲而浑厚，笔力鼎健。传世作品有《溪山行旅图》、《临流独坐图》等。

在明朝的书画界里流传着一种说法："夏卿一个竹，西凉十锭金"。大概意思就是说，有一个叫夏卿的人，他画的一片竹叶，就值十锭金子。

夏卿原是明成祖朱棣的翰林院庶吉士，最擅长画竹子，除此之外，还写得一手好字。所以，他经常被叫到文渊阁充当临时的文书。有一次恰巧赶上朱棣检查工作，朱棣一看见他的字，喜欢的不得了。当即下令"今后俱效此小中书写"，就是要求众人，以后都要模仿夏卿写字。为了表示鼓励，朱棣还赐名夏昶。一个"永"字加一个"日"字，就是永远的意思。

夏卿就这么一夜成名了，打那以后，他就改叫夏昶了，经常为皇帝写字画画。有了皇帝的力捧，他的大作很快的流传开来。尤其是他的竹子，更是成为众人追捧的对象。以至于后来人们都忘了他是因为写字出的名，所以人们就把他的一夜成名给改成了"一叶成名"。

太空里的游客

宇航员

★ ★

　　能漂浮在太空中，优哉游哉，那可真是有趣极了。那么，什么样的人才能被选为宇航员呢？

　　要想成为宇航员，必须有强健的体魄，良好的教育水平，以及分析和解决问题的能力。早期的宇航员都是从空军的飞行员或试验飞行员中挑选出来的。随着飞船的设计逐步改进，对宇航员体格的要求亦相应地降低。现在，宇航员可分为驾驶员、任务专家和载荷专家；驾驶员的任务是驾驶飞船，而任务专家和载荷专家则负责进行一连串的研究和试验。

　　目前，在中国，宇航员的入选条件除飞行时间超过1000小时、基本身体素质良好外，还必须通过航天城特有

设施的"技术考验"，包括：每分钟转速24圈的转椅，以检查其对震动及眩晕的耐受能力；前后甩动幅度15米的电动秋千，以测试飞船进入轨道时可能使人体产生的空间运动病等。

世界上第一名宇航员是苏联的尤里·加加林，他在1961年4月乘坐东方1号进入太空。

第一位女性宇航员是苏联的瓦伦蒂娜·特雷斯科娃，她在1963年6月乘坐东方6号进入太空。

2003年10月15日，杨利伟乘坐神舟五号进入太空，成为中国首名进入太空的宇航员。

进入太空的宇航员里面最年轻的是戈尔曼·季托夫，当他乘坐东方2号进入太空时只有26岁。最老的则是约翰·格伦，他上太空时已经77岁了。

在太空中逗留时间最长的纪录是瓦里李·保利耶可夫的438天。

宇航员离地球最远的距离是401056公里，是在阿波罗13号发生紧急事件时产生的。

怎么样，进入太空，你准备好了吗？

在蓝天上自由翱翔

飞行员

★★★★★★★★★★★★★★★★★★★★★★★

昨日，我渴望做雄鹰，翱翔天际，与白云相拥。

今朝，我抖擎着翅膀，向天飞舞，为搏击长空。

这就是飞行员。

都羡慕鸟儿长了翅膀，如果你想长翅膀，天天飞在蓝天白云中，那就去当飞行员吧。能满世界免费旅行，拿着不错的薪水，从事着少数人才能干的工作。

和钻石一样，飞行员也有他们的4C标准。

1.Careful：谨慎。飞行无小事，一着不经意，空中酿悲剧。所以飞行员必须做到谨慎操作，精细飞行。

2.Collective：集体意识。飞行是一个整体，团队之间的凝聚力、向心力、配合力直接影响着飞行质量的好坏。

3.Control：控制力。飞行员要控制情绪、控制心态、控制欲望，把所有不利于飞行的因素扔到地上，轻装上天。

4.Cancel：放弃。将欲取之，必先与之。要想做一个合格的飞行员，意味着你放弃了规律的作息时间、放弃了安稳的生活状态，放弃了在大小节日里与家人团聚时的感动，放弃了花前月下与爱人

相守时的幸福。

目前我国的飞行员有民航飞行员和部队飞行员之分。

民航飞行员粗略分为机长和副驾两等级，但是机长和副驾里面又分成好多等级，副驾驶一般又分为二副，一副，机长又分为机长，教员，模拟机教员等等。

部队飞行员，分为三级飞行员，二级飞行员，一级飞行员，特级飞行员。

现在，飞行员早已不是男性的天下，越来越多的女性也加入到了飞行员的行列。小朋友，如果你也想翱翔蓝天，就从现在开始锻炼身体，努力学习吧！

现实与玄幻之间

魔术师

★★★★★★★★★★★★★★★★★★★★★★★

　　因为连续两年在春节联欢晚会上表演魔术，魔术师刘谦已经成了中国家喻户晓的人物。小朋友一定都很羡慕他的职业。在大多数人看来，魔术似乎是外来事物，其实不然。

　　魔术一词是外来语，中国古称"幻术"，俗称"变戏法"。魔术的历史很悠久，早在新石器时期，就已有魔术活动的踪迹。

　　在人类的童年，对太阳、月亮、火、雨等自然现象无法理解，只能解释为是神话般的非人力的力量。另一方面，人类也有征服自然的愿望，盼望着能采撷到丰富的食品，希望庄稼丰收、畜牧兴旺。于是，幻想自然地在人的头脑中产生，便有了"盘古开天辟地""女娲补天""夸父逐日"这些幻想情景，体现在古人祭天、祈年等游艺色彩较浓的习俗活动中，魔术的雏形由此产生了。

　　古代戏剧、舞蹈、杂技、魔术都处于萌芽状态，并未明显分家。古人无法抗拒自然灾害，因此，他们相信天与地有道路相通，相信有"不周山"那样的撑天的柱子。于是，出现了能来往于人和神之间的使者——巫、觋和稍后一些时候的方士。这些人为了使人相信他们具有非凡的本领，大都有些验证的办法，这就是原始的魔

术师。

西汉元封三年，汉武帝举行百戏盛会，盛会上即有中国的传统魔术《鱼龙蔓延》等节目，又有罗马来的魔术师表演了《吐火》《吞刀》《自缚自解》等西域魔术。魏晋南北朝时，出现了《凤凰含书》《拔井》等多个魔术节目。隋炀帝时出现了《黄龙变》魔术，变来满地的水族。唐玄宗时流行的《入壶舞》，表演者从左面缸中钻进去又从右面缸中爬出来，都是冠绝一时的魔术佳作。

现代魔术种类繁多，按照演出场地不同可分为舞台魔术、宴会魔术、街头魔术（也称为近景魔术）；按照魔术的专题可分为硬币魔术、扑克魔术、逃脱魔术、丝巾魔术、绳索魔术、海绵球魔术等等。

当魔术师可不是那么容易的，小朋友，如果你想当魔术师，就要下工夫去学习技术，刻苦练习哦！

最受孩子欢迎的人

圣诞老人

★ ★ ★ ★ ★ ★ ★ ★ ★ ★ ★ ★ ★ ★ ★ ★ ★ ★ ★ ★

　　圣诞老人是一位在圣诞节前夜专门为好孩子们送上礼物的人。小朋友，你收到过圣诞老人送给你的礼物吗？

　　传说，从前有一个心地善良的贵族，他的妻子因病去世，扔下了他和三个可怜的女儿。这个贵族尝试了不少发明，都失败了，但也因此耗尽了钱财，所以他们不得不搬到一家农舍里生活，他的女儿们也不得不亲自烧煮、缝纫和打扫。一晃几年过去，女儿们陆续到了出嫁的年龄，父亲却变得更加沮丧，因为他没钱给女儿们买嫁妆。

　　一天晚上，女儿们洗完衣服后将长筒袜挂在壁炉前烘干。圣人知道了她们父亲的境况后，就在那天晚上，来到她们的家门前。他从窗口看到一家人都已睡着了，同时也注意到了女孩们的长筒袜。随即，他从口袋里掏出三小包黄金从烟囱上一个个投下去，刚好掉在女孩们的长筒袜里。第二天早上，女儿们醒来发现她们的长筒袜里装满了金子，足够她们置办嫁妆了。这个贵族也因此能亲眼看到他的女儿们结婚，从此便过上了幸福快乐的生活。

　　此后，每到12月24日晚上，有个神秘人会驾乘由12只驯鹿拉的

雪橇，挨家逐户地从烟囱爬进屋里，然后偷偷把礼物放在好孩子床头的长筒袜里，或堆放在壁炉旁的圣诞树下。

虽然没有人真的见过传说中的神秘圣诞老人的样子，但是人们通常装扮成头戴红色圣诞帽子，戴着大大的白色胡子，穿一身红色棉衣，脚穿红色靴子，在圣诞节前夜派发礼物，为孩子们送去欢乐，人们习惯地称他为"圣诞老人"。

而圣诞老人只有在每年的圣诞节期间才会工作，这项职业也就成为了工作时间最短的职业了。

酒不醉人人自醉

酿酒师

★ ★

能把亲自酿的好酒带回家品尝，这听起来诱惑不小吧。做这种有趣工作的人就是酿酒师了。

难道一定要拥有葡萄园才能成为葡萄酒商或酿酒师吗？当然不是。

酿酒在我国已经有几千年的历史，酿酒师是随着酒类产品制造工艺不断发展而产生的职业。与酿酒工的工作性质、职责不同，酿酒师的工作体现在酿酒的核心技术层面，其能力对产品个性的形成以及产品的质量起着至关重要的作用。

要想成为酿酒师，先来了解一下酿酒的过程吧！

酿酒是利用微生物发酵生产含一定浓度酒精饮料的过程。由于酿酒用的原料不同，所用的微生物和酿造过程也不一样，所以酿出来的酒也是不一样的。

白酒多以含淀粉物质为原料，如高粱、玉米、大麦、小麦、大米、豌豆等，其酿造过程大体分为两步：首先是用米曲霉、黑曲霉、黄曲霉等将淀粉分解成糖类，称为糖化过程；第二步由酵母菌再将葡萄糖发酵产生酒精。白酒中的香味浓，主要是因为在发酵过

程中还产生较多的酯类、高级酯类、挥发性游离酸、乙醛和糠醛等。白酒的酒精含量一般在60%以上。

啤酒以大麦为原料，啤酒花为香料，经过麦芽糖化和啤酒酵母酒精发酵制成。含有丰富的二氧化碳和少量酒精。由于发酵工艺与一般酒精生产不同，啤酒中保留了一部分未分解的营养物，从而增加了啤酒的香味。啤酒中酒精含量一般为15%或更低。

葡萄酒是以葡萄汁为原料，经葡萄酒酵母发酵制成。其酒精含量较低，在9%～10%。葡萄酒较多地保留着果品中原有的营养成分，并带有特产名果的独特香味。葡萄酒的酿制要经过主发酵和

后发酵阶段，后发酵就是在上述主阶段酿成后要贮藏一年以上继续发酵的过程。酿酒葡萄的品种主要有：赤霞珠、品丽珠、梅鹿辄、佳丽酿、黑品乐、蛇龙珠、法国兰、龙眼、雷司令、白羽、贵人香等。

绿酒，你一定很少听说过，通常指有色的白酒产品，采用天然原料，如草本、大米等进行发酵、提炼、冲沏、浸泡、蒸煮等一系列非常复杂工序配制而成的有色白酒，通常具备各种养生功能。中国绿酒可溯源自1500多年前唐永泰年间。目前市场上的绿酒主要有云南的杨林肥酒、山西的竹叶青，而浙江西南部地区生产的百岁门畲族绿曲酒最具代表性。

看看，酒的种类如此之多，你想酿哪一种呢？

苦涩中的甜蜜

巧克力制作师

★ ★ ★ ★ ★ ★ ★ ★ ★ ★ ★ ★ ★ ★ ★ ★ ★ ★ ★ ★

　　1519年，以西班牙著名探险家科尔特斯为首的探险队进入墨西哥腹地。旅途艰辛，队伍历经千辛万苦，到达了一个高原。队员们个个累得腰酸背疼、筋疲力尽，一个个横七竖八地躺在地上，不想动弹。科尔特斯很着急，前方的路还很长呢，队员们都累成这样了，这可怎么办呢？

　　正在这时，从山下走来一队印第安人。友善的印第安人见科尔特斯他们一个个无精打采，立刻打开行囊，从中取出几粒可可豆，将其碾成粉末状，然后加水煮沸，之后又在沸腾的可可水中放入树汁和胡椒粉，顿时一股浓郁的芳香在空中弥漫开来。

　　印第安人把那黑乎乎的水端给科尔特斯他们。科尔特斯尝了一口，"哎呀，又苦又辣，真难喝！"但是，考虑到要尊重印第安人的礼节，科尔特斯和队员们还是勉强喝了两口。没想到，才过了一会儿工夫，探险队员们好像被施了魔法一样，通通恢复了体力！惊讶万分的科尔特斯连忙向印第安人打听可可水的配方，印第安人将配方如实相告，并得意地说："这可是神仙饮料啊！"

　　科尔特斯回到西班牙后，向国王敬献了这种由可可做成的神仙

饮料，只是，考虑到西班牙人的饮食特点，聪明的科尔特斯用蜂蜜代替了树汁和胡椒粉。这种饮料得到了国王的喜爱，科尔特斯因此被封为爵士。

从那以后，可可饮料风靡了整个西班牙。一位名叫拉思科的商人，因为经营可可饮料而发了大财。一天，拉思科在煮饮料时突发奇想：调制这种饮料，每次都要煮，实在太麻烦了！要是能将它做成固体食品，吃的时候取一小块，用水一冲就能吃，或者直接放入嘴里就能吃，那该多好啊！于是，拉思科开始了反复的试验。最终，他采用浓缩、烘干等办法，成功地生产出了固体状的可可饮料。由于可可饮料是从墨西哥传来的，在墨西哥土语里，它叫"巧克拉托鲁"，因此，拉思科将他的固体状可可饮料叫做"巧克力特"。

拉思科发明的巧克力特，是巧克力的第一代。

听了这个故事以后，爱吃巧克力的你，有没有一种冲动，去做一名巧克力制作师呢？

鲜花与梦想

花商

★ ★ ★ ★ ★ ★ ★ ★ ★ ★ ★ ★ ★ ★ ★ ★ ★ ★ ★

开一家花店，终日与鲜花为伴，一定是每个女孩子的梦想。不过，你可别简单地认为，开花店就是每天修修剪剪，迎接客人这么简单。想做成功的花商，可有很多门道呢！

首先，你得掌握一手高超的花艺。花艺就是花卉艺术的简称，是指通过一定技术手法、花材的排列组合，让花变得更加的赏心悦目，表现一种思想，体现自然与人的完美结合，形成花的独特语言，让欣赏者解读与感悟。

中国自古以来就有以花祭祖和互赠花枝的风俗，而且玩赏花木的风气甚浓。据考古发现，河北望都东汉墓道壁画中有一方几上盛有六枝红花的圆盆，过去人们对插花意识淡薄，曾认为是盆景，但现在看来，甚似插花。中国古代的文人墨客，多放荡江湖，寄情花草，与山水花草为友，他们不仅赏花，还有探花、采花的逍遥游。正因中国文人有此嗜好，所以中国的插花艺术既具自然写真的风格又具浓郁的文人气息，融诗、书、画、花于一体，不拘一格，潇洒自如。

此外，中国人很早就研究延长切花花材寿命的方法，对花枝插

置的布局，与花器和周围环境的配合等等都早有研究，使插花成为一门独立的、系统的专学。高濂的《瓶花三说》，张谦德的《瓶花谱》，还有罗虬的《花九锡》以及明代袁宏道的《瓶史》都可说是最早的插花专著。

因为人类喜欢求新求变的性格，所以有创意的花艺家，就会不断地追求新的设计手法，来带动新的流行风潮。花艺在零售上的运用对于花卉单价的提升也分层次和境界，优秀的花艺师可以让鲜切花的价格提升十几倍以上。

开花店的目的就是为了将花卖出去。花卉销售的一个境界就是用最少的花获取最大化的利润和价值，而一个懂得花艺的花商也能够最有效地推销自己的花艺作品，例如：10枝康乃馨零售价60元左右，但经过包装后可以卖到300多元，价格整整提升了5倍。由此可见，未来的花卉经营没有设计就不能生存。

快乐的制造者

玩具设计师

★ ★ ★ ★ ★ ★ ★ ★ ★ ★ ★ ★ ★ ★ ★ ★ ★ ★

哪个小朋友不喜欢玩具？女孩子的洋娃娃、毛绒熊、毛绒狗，男孩子的遥控车、遥控飞机、变形金刚等。所以，如果能当个玩具设计师也是一项不错的职业，有一个非常庞大的市场呢！

　　玩具设计师，正如我们所想的那样，是从事玩具产品和玩具类儿童用具的创意、设计和制造等的职业，详细的工作内容有：分析设计产品的外形和功能，进行打板、打样及工艺排料，手工制造产品样品或模型；进行产品的系列化开发和自主研发，描绘创意草图，设计性能模块，勾绘设计图，编制出产工艺流程等。

　　我国虽是世界上第一玩具生产大国，但是主要的获利方式在于靠低廉的成本赚取少量的加工费。目前国内玩具制造业最大的缺陷在于缺乏专业设计能力和自主品牌的市场拓展能力。这就为玩具设计师的职业发展提供了较好的机会。"玩具设计师职业标准"已经制定出来，分为：设计员，助理设计师，设计师，高级设计师。拥有这一职业的资格认定书和相关工作经验，一定能在这一领域大有作为。

　　小朋友，如果你想当玩具设计师，就要善于琢磨市场，掌握玩具产品流行的趋势，然后制订出产品总体设计计划。

　　那么都有哪些专业与此职业相对应呢？

　　天津科技大学首开玩具设计专业，课程包括绒毛玩具、机动玩具、电子玩具三个方面，2005年第一批毕业生就业，被一抢而光。可见这份职业有多热门吧。如果你能掌握美术学，工业设计、电子技巧和模具设计与制作，那就更是锦上添花了。

芳香的灵魂

调香师

★ ★

　　好香水的制造，是需要你用一生的时间去体会的艺术与科学。制造香水，是一种艺术，正如其他艺术一样，香水的艺术成果也经历了几个主观和情感的层次。当各种香精混合在一起时，神奇的事情随之发生。各种原料相互影响，有的原料本身没有或只有轻微气味，但它们经常充当其他原料的催化剂，从而改变了原有的特点。仅仅闻闻某种特定香水的一种配料，你还无法想象出各种配料相混合的味道。这就是香水的神秘性和奇特性的一部分。

　　调制香水就如同绘画，不可能将各种颜料弄成大杂烩，香水也不是香料的简单堆积。调香就是指调配香精的技术和艺术。是将选定的香精按拟定的香型、香气，运用调香技艺，调制出人们喜好的、和谐的、极富浪漫色彩和幻想的香精。调香师要具有丰富的香料、香精知识、灵敏的辨香嗅觉、良好的艺术修养、丰富的想象能力以及扎实的香精配备理论基础和合成工艺技术。

　　优秀的调香师甚至能做到在香水制作出来以前，就闻到意念中的香水味，可谓是"胸有成竹"。

　　现在，大多数专业的香水师都是在专业院校中学习过香水制

作艺术的。比如著名的设在格拉斯（Grasse）的纪芳丹·若勒香水学校（Givaudan Roure）。那里设置了一系列课程，包括现场的实验和去企业做一段时间的实习学徒，学习时间需要6年。过去，从事香水业的"鼻子"们大多数都是男性，只有杰曼妮·赛尼尔（Germaine cellier）是个少有的例外。不过现在已经有很多女性位于香水业的顶尖位置。

制造新型香水是香水师的最高艺术，但是他们还有更实际的责任。比如当某种原料用完的时候，使用代用品重新配比以保持香水长久的销势。香水师也必须使新的成分和原来的成分混合无间，这样就不会受植物减产和原料缺乏的威胁。

目前，我国从事香料香精生产的企业近千家，调香人员约5万人左右，随着人类对香味越来越多的要求，调香师的需求量以每年15%的速度递增。

边玩儿边赚钱

职业游戏玩家

★★★★★★★★★★★★★★★★★★★★★★

　　网络游戏，那是大人小孩都喜欢，许多人花钱到网吧去玩的游戏，竟然有人靠玩这个挣钱，可真是太棒了。这就是职业游戏玩家，你也青睐这项职业吗？那就先来了解一下网络游戏的发展趋势吧。

　　网络游戏风靡全球。我国的网络游戏用户迅猛增加到1600万！2004年该产业创造了12.6亿元的惊人财富，专家预测，到2010年，我国游戏产业的总体利润将超过80亿元！与这个新兴产业同时发达的是职业游戏玩家。目前，我国的游戏玩家主要有三种形式：竞技玩家、赏金玩家、雇佣玩家。他们分别以奖金、交易、工作为主要生活来源。其中，竞技玩家的收入最为可观。

　　好了，相信你已经蠢蠢欲动了。我们再来看看他们的具体工作吧。

　　有的游戏玩家有时要做测评，参与编写游戏软件程序，代理游戏公司销售活动，担当游戏宣传员，充当游戏形象代言人等多项事务；有的游戏玩家出售虚拟财产收入、获取比赛奖金等。也可以据此将职业玩家分类：官方的和民间的。官方的即指包括游戏测评人员、游戏代言人等等领取官方工资或者说报酬的职业玩家；民间的

即指与官方无任何经济关系，仅仅依靠自己在游戏中的地位或者说技术，从游戏中谋取经济回报的职业玩家。

一般来说，软件公司的职业玩家都是兼职的，他们来自社会各行各业，但有一个共同的嗜好——玩网络游戏。许多玩家们在乎的不是报酬多少，而是新游戏让他们先玩是一种很"炫"的感觉，谁不喜欢尝鲜呀。

有一点要提醒小朋友：做人要有"人品"，而玩网络游戏同样要有"游品"。游戏有助于孩子开发智力，结交朋友。所以顶级职业玩家除了要具备足够的时间和热情外，还必须有较高的知识层面和素质。

你知道
他们是做什
么的吗？

CHAPTER 3

下面这些职业名称，我们小朋友可能不熟悉，就由我来为你们揭开这些"神秘职业"的面纱，让大家看看它们的真面目吧。或许，面纱后有一个迷人的面孔正在对你微笑，而一份美好的职业正站在未来向你招手呢。

Monkey. D. Luffy

淘乐斯变身公仔

政府的形象代言人

新闻发言人

有这样一群特殊的人，他们频频亮相于镁光灯下，出现在荧屏上，曝光率之高不亚于影视明星，他们就是政府的形象代言人——新闻发言人。

每个人都有好奇心，想知道新鲜事，但还有许多人喜欢随口传播所谓的"新闻"，所以许多事实真相经过口口相传、添枝加叶后就变得面目全非了。被胡乱传播后的"新闻"虽然满足了听众的好奇心，但同时也可能造成一定危害与混乱。

针对于此，新闻发言人这一职业就显得尤其重要了。他们的信息来源最有权威，会避免杂乱信息搅乱人们的视听与思想。实施新闻发言人制度，有利于人们看到权威性的言论，避免小道消息影响社会公众的正确判断力。

新闻发言人是代表其他自然人或法人（如公司、政府或其他机构）的身份发言，并向记者宣传情况、回答提问的公共关系人员。许多政府部门和企业都有发言人，而许多职业运动员及艺人常由其经纪人兼任发言人。当企业有新产品问世、重大项目引进或突发事件发生时，新闻发言人将在第一时间出现在新闻媒体面前，全权代表企业发布消息，回答记者与听众的提问。

作为一名新闻发言人，需具有新闻传播学、心理学、公共关系学等知识，熟悉新闻相关政策与法规、社交礼仪常识。同时，新闻发言人需掌握新闻发言技巧。新闻发言人一般是该部门中层以上的负责人。

此外，新闻发言人还需要拥有良好的气质形象、人文素养和人格魅力。不仅对新闻具备敏感性，而且对国家的政策、法律、法规有较好把握和理解，对其所在地的政治、经济、文化、历史和未来有较深入的研究。

值得一提的是，很多优秀的政府官员和外交官都是从新闻发言人成长起来的。如果你有志于此，那就加油努力吧！

企业智囊团

商务策划师

★ ★

　　小朋友们想想看，古代的人要用脚走路，现在的人用车走路，古代的人写字用石头刻，现代的人写字敲键盘。这是多大的

变化呀。

所以说，社会上的任何事物都处在变化之中，可以说是日新月异，那么一个团体想要向前发展，不被社会淘汰，就必须创新，跟上时代潮流，那就需要有人为他们做创新策划了。做这种工作的人就是商务策划师。

商务策划师是指具有良好职业道德，能够熟练运用经济管理、商务策划理论和各种实战方法为经济组织提供创新服务并取得明显绩效的专业化人员。

市场竞争无比激烈，一个企业要想赢得竞争的胜利，就要有自己的独特的经营模式或独特产品，商务策划师的工作就是使企业在市场中的竞争显现出独特的优势，实现可持续发展。所以他们的地位非常重要。

目前的中国企业在国际化竞争中，需要数百万的策划人才，更需要熟知中国国情的高级策划师。

产品形象展示者

会展设计师

★ ★ ★ ★ ★ ★ ★ ★ ★ ★ ★ ★ ★ ★ ★ ★ ★ ★

现代展览业经过几百年的发展，特别是经历了20世纪80年代以来的高速增长后，正日益成为全球信息交流、技术进步和文化发展的重要载体，成为与通信、交通运输、城市建设、旅游等产业关联度极高的综合性服务行业。展览业经济的发展是第三产业成熟化和完善化的标志之一，是现代城市发展、地区经济发展的助推器，有着多方面的积极作用。

展览业不仅自身市场巨大，而且对国家、地区的旅游、餐饮、通信、交通等经济部门的发展起到了非常大的关联带动作用。根据国际展览业权威人士估算，国际展览业的产值约占世界各国GDP总和的1％，如果加上其他相关行业从展览中的获益，展览业对全球经济的贡献则达到8％的水平。

目前，全球每年国际性会展总开销达2800多亿美元，经济效益相当可观。据不完全统计，我国近10年来通过展览实现外贸出口成交额340多亿美元，国内贸易成交额120多亿元人民币。

目前全国会展从业人员约有100多万人，其中从事经营策划、设计、管理的人员约15万人以上。其中会展设计人员不足1％。会

展设计专业人才的缺乏已成为制约我国展览业健康发展的一大瓶颈。从2003年度的统计中可以看到，会展专业人才岗位空缺与求职者的比例：上海10：1、北京8：1、广州8：1。据业内人士预测，我国今后几年内会展市场需要的会展设计人员达200万人以上。

　　中国经济的高速发展为中国展览业的发展奠定了坚实的基础。2008年奥运会和2010年世博会在中国举办，更为我国展览业实现跨越式发展创造了条件，在这一发展过程中，会展设计人员将发挥重要作用，这一职业的发展前景异常广阔。

美丽空间设计者

景观设计师

★ ★ ★ ★ ★ ★ ★ ★ ★ ★ ★ ★ ★ ★ ★ ★ ★ ★

人人都有审美的情趣，喜欢待在风景秀美的地方，享受视觉上的愉悦感，我们小朋友也不例外。随着我国人民生活水平的不断提高，我国的城市建设和环境建设以前所未有的高速度向前推进，全国各地都出现了景观设计的热潮，景观建设已经成为城镇建设的重要内容。

所以，我国对景观设计师的需求也日益提高。目前已有数以万计的设计人员从事景观设计工作。他们主要分布在我国的各大城市，尤以北京、上海、广州、天津和重庆为多。

景观设计师从事的工作领域涉及环境景观建设的诸多要素，需要从业人员具备良好的工作素质。它的专业及核心是景观与风景园林规划及设计，其相关专业及知识包括城市规划、生态学、环境艺术、建筑学、园林工程学、植物学等等。

在国外，景观建设已成为城市公共生活空间的重要组成部分，景观设计已成为人居环境科学的一部分。

我国的城市建设方兴未艾，北京奥运会和上海世博会为我国的景观建设带来了难得一遇的机遇。全国人民的生活水平提高，对生

活质量的追求极大地促进了景观建设的蓬勃发展。众多的就业机会给景观设计行业提供了良好的发展平台。景观设计师职业的设立，其基本作用和目标在于运用城市规划、园林绿化、环境设计等专业理论知识和技能，保护与利用自然与人文风景景观资源；创造优美宜人的人居环境；组织安排良好的游憩环境。一方面有利于社会公共环境的需求，另一方面也保障了人民生活财产的安全。这对于我国环境景观的健康发展不仅有积极的现实意义，更有深远的历史意义。

　　想象一下，有一片优美雅致受众人钟爱的环境，那是属于我们自己的作品，那该有多自豪呀。所以从事这项职业也是很能令人开心的选择喽。

专为上帝服务

客户效力管制师

★ ★ ★ ★ ★ ★ ★ ★ ★ ★ ★ ★ ★ ★ ★ ★ ★ ★ ★

　　俗话说，"顾客是上帝"。我们去商场买东西，去饭店吃饭，总会受到热情招待，就因为我们是"上帝"。

　　那么对企业来说，客户也是上帝，只有打消客户顾虑，化解与客户的矛盾，让客户满意，企业才有前途。针对于此，出现了一项专门处理这些问题的职业——客户效力管制师。

　　他们负责客户效力管制系统的谋划、组建和施行监管；从事现场客户效力运作的设计、组织和执行管理；组织对本企业波及客户效力的部门人员举行客户效力管制知识和技巧培训。客户效力管制师对企业不同的客户供给售前、售中、售后的效力服务，他们约束的人员包括客户代表、客户经理等职位。

　　此项工作对从事者都有什么要求呢？

　　想要从事这项工作，要恳挚、殷勤，亲和力较强，擅长表白和交流，心理承受能力较强，有集体精神等。此外，语言能力、计算水准和数据普查辨析能力更是企业要求高等客户效力人员必备的硬性技巧。

诚信的缔造者

信誉管制师

★ ★ ★ ★ ★ ★ ★ ★ ★ ★ ★ ★ ★ ★ ★ ★ ★ ★ ★ ★

我们从小就受到诚信教育，也喜欢与有诚信的人交朋友，因为与他们交往令人放心。

做生意也是同理，信誉对交易的双方是非常重要的，但毕竟生意场上很复杂，这就需要信誉管制师了。

他们负责制订企业信誉法度与信誉政策；在交易早期，对交易对象举行信誉考察与评价，肯定信誉额度及放账期；在交易中期，对应收账款增强管制，并采纳必需的方法迁移危险，保证企业债权；在交易晚期，对产生的延期账款进行追收；利用信誉管制专业技巧及专业的征信数据库戒备危险，并开发市场。

想拥有这项职业，你直接报考信誉管制专业吧，这是一个刚刚兴起的新专业，由上海财经大学独创。

地产商的智囊团

房地产策划师

★ ★ ★ ★ ★ ★ ★ ★ ★ ★ ★ ★ ★ ★ ★ ★ ★ ★ ★ ★

对老百姓来说，房地产是一个常谈不老的话题，楼价一上涨，就开心了房地产老板，却愁煞买房人。相应的，房地产策划师就成为一个举足轻重的职业了。

房地产策划师是做什么的呢？

他们从事房地产行业的市场调研、方案策划、投融资管理、产品营销、项目运营和物业管理等工作的策划，可以说扮演着众多的角色：

1. 医生的职能：房地产策划师受房地产开发商委托，对所开发的项目进行详细的诊断分析，在了解了项目所在地的区域规划、区域经济发展水平、居民收入、周边房地产业竞争状况、区域人文地理环境、生活习性等信息后，针对"建什么"、"怎么建"、"卖给谁"等要素，提出项目的概念设计定位，画出概念规划图。房地产策划师既要从市场有效需求角度，还要从居住者健康与舒适的角度，恰当地为项目进行人性化的定位。

2. 法律顾问职能：为了规范房地产市场，国家和地方政府颁布了各种与房地产建设有关的法律制度和法规条文，还有一些仅靠

法律法规解决不了的问题，如项目对周边居住环境的影响（施工噪音、阳光遮盖等），土地代征、国际政治风云、国家对外关系以及国内经济发展、或类似奥运、WTO、西部开发等对房地产开发的影响情况、甚至城市规划、区域建筑物高度、道路宽度限制……必须以法律法规为准绳，或合理避规、或进行调解、或遵照执行。而这些房地产开发商并不完全掌握。

3. 财务专家职能：房地产开发商拥有资金，但房地产策划师可以告诉你如何更有效的运用资金，房地产策划师是站在开发商的立场上，为开发商的项目进行全程策划，并要保证项目在未来畅销，其目的就是要在同样的资金投入情况下，获取最大的投资收益。其手段主要不是通过降低成本，而是通过资金的合理分配——将资金投在能使项目增值的创意设计上。

4. 导演的职能：房地产策划师或咨询顾问是房地产开发商与设计单位、施工单位、销售公司、广告代理商、物业管理公司的桥梁和纽带，其职责就是通过上述企业的协调配合，将项目的概念定位演绎成功。

5. 船长的职能：认为房地产策划师或咨询顾问的工作只是出主意的人也有很多，实际上，当项目的概念定位成为设计图、施工图后，其重要工作就是在现场进行监理，如果把设计图看作海图的话，就是要严格按照海图航线航行，局部变动必须征得船长同意，只有这样才能保证项目概念定位准确实施。

6. 环境问题专家：这里所谓的环境问题不是地球变暖、酸雨增加的"大环境"问题，而是居住小区的环境美化、社区景观与周

边街道环境、自然环境是否协调的"小环境"问题。同时，居住区的人性化，也往往是通过居住区景观得以体现。居住区景观构成将极大地影响项目的未来销售，而景观风格定位及如何实现则取决于房地产策划师或咨询顾问。

可见，房地产策划师或咨询顾问是通才型人才。同时，一个房地产项目的全程策划也不是一个或几个房地产策划师或咨询顾问就可以完成的，而是由十数个甚至数十个专家组成的群体才能够完成。

帮你打理钱包的人

理财计划师

★ ★

许多人以为多挣钱就行，却不知道，科学理财也就相当于轻松赚钱。如果你不懂理财，那就去请教理财计划师吧！

理财计划师是运用自己的专业理财知识为人们提供理财计划的人。从事理财计划的专业人士目前只是分散地存在于保险、银行、证券等金融行业。不过，随着人们腰包渐鼓，余钱渐多，理财也就越来越受重视。

从事这项职业的人除应拥有广博的专业知识、纯熟的投资理财技巧、丰富的理财体验外，还要熟知股票、基金、债券、外汇等金融业务领域。因而，经济学、金融学、投资学、保险、证券、税收、财务管理、会计学专业的高手都有可能锤炼成理财金手。

企业文化的打造者

企业文化师

★ ★ ★ ★ ★ ★ ★ ★ ★ ★ ★ ★ ★ ★ ★ ★ ★ ★

"企业文化"，就是一个企业所有成员共同拥有的价值观念和行为规范。企业文化是企业在长期生产经营活动中，自觉形成并为广大员工恪守的经营宗旨、价值观和道德行为准则的综合反映，是当代崭新的管理理念，是现代企业之魂、成功之路，是企业的无形资产。

顾名思义，企业文化师就是在企业经营管理活动中从事企业价值理念塑造及其转化工作的人员，其职责是制定和建立符合企业发展战略的企业文化体系，塑造、提炼和推广企业的愿景、共同价值观和使命。

因为企业文化决定了企业员工的思想和行为是否对企业有利，所以企业文化对于企业的发展是非常重要的，甚至有专家预言：21世纪企业的竞争从某种程度上说也是企业文化的竞争，甚至决定着企业的成败。可见企业文化师的地位有多"贵"吧。

目前我国企业文化师在人才市场属于奇缺货，你别错过良机哦。

我能让你更漂亮

色彩顾问

★★★★★★★★★★★★★★★★★★★★★★★★★★★

小朋友们都喜欢画画，大家都知道，画上的颜色不是乱涂的，合理搭配色彩能使我们的作品更加迷人。这就是色彩的魅力和重要性所在。除画画要讲究色彩外，服装等行业也是非常讲究色彩的，这就促成了色彩顾问这一职业的诞生。

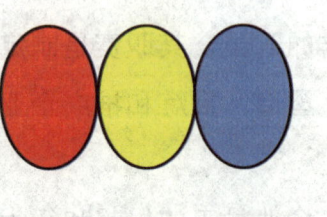

色彩顾问为各行各业提供色彩咨询。比如，服装色彩顾问会依据个人性格、气质、兴趣等因素，发现并挖掘存在于每个人身上的独特气质，合理搭配颜色，设计内外相结合的整体和谐美，使人的外在形象更加美好。

谁如果觉得自己对色彩敏感，而且非常有眼光，就可以选择这项职业喽。

保险业的精英

精算师

★ ★ ★ ★ ★ ★ ★ ★ ★ ★ ★ ★ ★ ★ ★ ★ ★ ★

　　精算师，从其名字就可以知道做这门职业不容易，小朋友们猜对了。那可是保险业的精英呢。

　　精算师是由保险公司雇用的数学专业人员，他们的工作是依据理赔参照表，计算保险费、赔付金、分红、保险额、退休金和年金等。可以说是集数学、统计学、投资学知识于一身的保险业高级人才。

　　从事这项工作，报酬自不会少，但要求也非常高，不仅要有保险业的专业知识，更需要有预测未来发展方向的能力，所以被人们称为"与未来有确定性"打交道的行业。

站在流行的最前沿

时尚捕手

★ ★ ★ ★ ★ ★ ★ ★ ★ ★ ★ ★ ★ ★ ★ ★ ★ ★ ★

老百姓喜欢喝什么酒？小朋友们喜欢喝什么饮料，人际交往需要什么礼品，最新的服装流行什么色彩与款式？

负责捕捉这些信息的人就是时尚捕手，他们负责把收集来的信息告诉分析公司，公司经过严密的分析，将研究报告提供给相关企业，企业再根据这些有效信息来研究开发新产品，以及时满足人们的需要，赚得第一桶金。时尚分析公司的方案一旦被企业采用，企业就会支付相当丰厚的酬金，而时尚捕手在为企业谋取利益的同时，自己也收入颇丰。

做个时尚捕手，你就站在时尚流行风的最前沿。

网络催生
的职业

CHAPTER 4

以前都用"三日打鱼，两日晒网"来"夸奖"懒惰者，现在有人大呼"三日工作，两日上网"。网络是个很容易令人着迷的东西，但许多人将时间甚至是生命荒废在网络中，却不知道网络其实也是一块能实现人生价值的"黄金宝地"。今天我们就来了解一下网络新兴职业，你就会知道那真是前途无限啊。

Zorro

淘乐斯变身公仔

最受欢迎的"杀手"

秒杀客

1元钱就能买到价格不菲的品牌电脑、10元钱就能买到原价300元的衣服……噢，这是哪里的天空掉的馅饼？

打开淘宝网，你立刻就能看到"秒杀"这个字眼。淘宝商家频

频抛出"秒杀"的诱惑。而电脑另一端的白领阶层们屡屡抱怨"时间紧任务重",稍不留神,自己钟爱的"宝贝"就会被别人用1元钱一抢而空。

王小姐在某私企工作,她总是用大量时间来进行网购,她说"有时为了秒杀某件商品,坐在电脑前反复刷新网页等待秒杀,茶饭不思,工作都做不好。"有一次,她为了秒杀一台原价6999元、午夜秒杀价3999元的笔记本电脑,半夜坐在电脑前苦守了两个小时,反复刷新网页,却还是一场空,唉,真令人惋惜。

那么如何才能不费时费力又能"抢"到心动的商品呢?一群专门代人秒杀商品的"秒杀客"应运而生,去淘宝网搜索"代秒杀",你能找到许多家代秒杀店铺,代秒杀的商品收费为20~30元/件,千元以上商品20元起价。代秒杀需要消费者提供淘宝账号和登录密码(不需要支付密码),然后把秒杀商品的网址链接发给秒杀客,消费者可以查询已购买商品确认是否秒杀成功,秒杀成功后再支付秒杀客佣金。如果秒杀失败,秒杀客全额退款。

如果你的手快,也来试试吧!

网络淘金者

淘客

★ ★

我们听到过"淘金"这个词，指的是人们打捞起河里或湖里的淤泥后，在淘盘里将淤泥洗涤掉，以便找出淤泥里的天然金沙。

淘金曾是众多冒险家眼中的致富手段，历史上也曾掀起几度的淘金大潮。现在又出现了"淘客"，那么淘客是一种什么样的人呢？他们就是在互联网上淘东西的网络购物者。

随着网络的普及，网上"淘宝"成了年轻人购物的新途径，面对成千上万网店里看似同样的商品，如何确认哪家的品质好，成了网上购物的一大难题。所以，"淘客"应运而生，他们利用QQ、论坛和博客推荐网店和商品，不仅能获得买主的好感，还能从卖家那里获得佣金，可谓一举两得。

网上卖东西，让网友帮忙推销，已经成为一种网上购物的营销新方式。相比网店"自吹自擂"，网友善意的推荐似乎更加容易获取信任。在网上，任何人都可以做"淘客"。据淘宝方面的数字，目前"淘客"的数量已经超过百万。

"淘客"都是有信誉度的，一旦推荐一次劣质商品，就会进入黑名单，很难得到其他网友的信任。基于此，有些网友选择了自己

较熟悉的服装类商品，开始有目的地在QQ、论坛和博客上做链接和推荐。

"淘客"也不是很容易经营的，有的"淘客"注册了一个月还是"颗粒无收"。看来要想做一名成功的淘客除了要对相关产品熟知之外，选择好的销售渠道也很关键。未来几年，这项职业的参与人数将超过百万，至少将为国内提供10万个直接就业机会。

如果你有自己独特的眼光，又喜欢在网上购物，不妨也做一个"淘客"吧！

用智慧换取收益

威客

★ ★ ★ ★ ★ ★ ★ ★ ★ ★ ★ ★ ★ ★ ★ ★ ★ ★

有这样一群人，他们靠自己的知识、能力和智慧在威客网站上完成客户布置的任务，赢得客户的佣金。

他们就是"威客"。

威客的英文Witkey由wit（智慧）、key（钥匙）两个单词组成，也是The key of wisdom的缩写，是指那些通过互联网把自己的智慧、知识、能力、经验转换成实际收益的人，他们在互联网上通过解决科学、技术、工作、生活、学习中的问题从而让知识、智慧、经验、技能体现出经济价值。

威客模式网站的主要运营流程是：提问者提出问题，回答者收到问题，回答者给出正确答案，提问者收到正确答案，提问者支付报酬给回答者。另一种更简洁的威客模式网站运营流程路径为：威客模式网站聚合回答者专业特长信息，提问者可以通过威客模式网站直接找到合适的回答者，提问者获得正确答案后支付报酬给回答者。

这个工作很简单吧，小朋友每天上网时就可以去相关的网站逛逛，回答问题哦。

不花钱就能时尚

试客

★ ★

你想不花钱就得到吃、穿、用、玩的东西吗？那就来做试客吧。

试客的英文Shokey由shopping（购物）和key（钥匙）两个单词组成，也是The key of shopping的缩写，是指那些走在消费者前沿的人群。在购物前，他们先从互联网上免费索取相关商家的使用赠品，经过仔细试用并与其他爱好者相互交流，"试客"在试用完之后，一般还需要对产品给出第三方试用报告。

任何网民只要注册为用户，即可享受免费试用网提供的新产品务，这些试用品是由试用网的合作企业赠送的。登录各大试用网站，填写真实个人资料并申请所看中的商品，得到厂商审批后即可获得邮寄的试用赠品，流程极其简单。

目前试用网站已经能为试客提供涵盖吃、穿、用、玩各个方面数十个品牌的多种商品。

如果你也想做一个试客，那么就去支付宝的免费试用频道、我爱试用网、图书试用网、试用网去看看吧！

"买卖" 知识和经验

闲客

★ ★ ★ ★ ★ ★ ★ ★ ★ ★ ★ ★ ★ ★ ★ ★ ★

闲客是一门新兴职业,是由闲不住网刚刚推出的。"闲客闲不住",有趣吧。下面我们就来了解一下什么是闲客。

闲不住网是一个国际学习交流平台,目的是让全世界有知识的人通过Skype、MSN、QQ等网络交流工具,将知识传输到每个外国人的家里。闲客跟威客的概念差不多,不过闲客是国际意义上的威客,也就是说威客只能挣本国人的钱,闲客却可以赚外国人的钱。

那么闲客是怎样工作的呢?

他们通过QQ,Skype或MSN等聊天工具,在全球范围内买卖知识和经验。

他们先在闲不住网平台上把个人的闲不住时间设定好,然后在闲不住网平台上开通课程或服务,等待雇主选课,一般需提前24小时选课。有人选课后,闲客会得到系统通知,到了授课时间,闲客就通过双方共同使用的聊天工具进行授课。授课结束后,雇主通过网上支付工具付学费。

像一般做生意一样,一个成功的闲客一定是会经营自己的人。

如果你想成为一名闲客并获得收入，你必须懂得如何在众多闲客中脱颖而出，让雇主最先选择你并一直使用你。

有许多方法营销自己，比如经常在闲客后台更新你的"广告信息管理"，让你的广告新颖并能够经常出现在闲不住网首页的广告信息栏中。还有就是开更多的课程，增加曝光率，让雇主知道你多才多艺。只要用心去做闲客，不仅会在经济上得到很好的回报，还会锻炼经营自己的能力，并且让闲余时间更充实。从各方面讲，做闲客都有非常正面并积极的深远意义。

网络上的装修工

网店设计师

★ ★ ★ ★ ★ ★ ★ ★ ★ ★ ★ ★ ★ ★ ★ ★ ★ ★

　　小朋友，你喜欢从网上购物吗？你有没有常去的网店，是什么吸引你常常光顾他们家呢？开网店的人要想使商品销路好，必须让自己的店铺对网民有吸引力，所以网店的设计很重要，因为客户只能从网上的文字和图片来了解产品，如果设计得好，能增加用户的信任感，还有利于自己店铺品牌的树立。所以，网店设计师是深受欢迎的，而且有着很好的市场前景。

　　只要坐在电脑前点点鼠标，几小时内就能装修完一家漂亮的网络店铺。做网店"装修"其实并不难，所需要的图片和音乐在网上都能找到素材，网店设计师只需要用photoshop和一些基本的网页编程软件处理一下就可以。

　　试试吧。

网络上的服务员

网店客服

★ ★ ★ ★ ★ ★ ★ ★ ★ ★ ★ ★ ★ ★ ★ ★ ★ ★

很多行业都有专门为客户服务的人员，网络也不例外。

这几年，在金融危机的影响下，就业岗位缩减，就业压力增大，每天淘宝网上新开网店达到5000家。随着他们的淘宝网店规模逐渐增大，许多店主单打独斗已经无法应对每天的交易。他们开始四处寻找网上客服。

于是，一个新的职业从淘宝网上诞生——网店客服。

比如淘宝网，网店客服就是阿里软件提供给淘宝掌柜的在线客户服务系统，旨在让淘宝掌柜更高效的管理网店、及时把握商机消息，从容应对繁忙的生意。

现在，网店客服的分工已经达到相当细致的程度：

有通过旺旺、电话，解答买家问题的客服；

有专门的导购客服，帮助买家更好地挑选商品；

有专门的投诉客服；还有专门帮店主打包的客服等等。

至于你想做兼职还是全职全看卖家要求，不过大多还是在线时间越长越好。

做网店客服的要求肯定是要打字快，还要有耐心、有礼貌、服务态度好。

此外，做网店客服一定要熟悉产品信息，是否有货，还要帮助顾客解决一些小问题，比如：因为不能试穿，顾客不知道要穿多大码的鞋，你要根据他的情况给他推荐。

最重要的是，网店客服要特别熟悉网上交易流程，操作速度快，比如安排上架、修改价格、处理订单、安排发货等等。

网络的宠儿

多媒体网络编辑

★ ★

小朋友们都浏览过学习网站吧？那里的内容排列有序，清楚直观，想查什么资料，一下子就能搜索出来，使用起来非常方便。这就是网络编辑的功劳，是他们将网页设置得如此美观实用的。

多媒体网络编辑是网站内容的设计师和建设者，他们对收集好的信息进行审核、分类和编辑，然后将可用信息整理成型，通过网络向世界范围的网民进行发布，并且还能通过网络从网民那里接收到反馈信息呢，这样就产生了互动，有利于网站建设的进一步完善。

目前网络编辑的从业人员还不够专业，所以给企业的培训、考核和人员使用带来很多技术困难。这就促成专业网络编辑的备受欢迎。而且随着网络的快速发展和更广泛应用，这项职业势必越来越红火。目前，我国网络编辑从业人员有300万人，主要是由报纸、杂志、电视、电台编辑、记者、网站管理员和图文设计等职业中分流出来的。如果你将来能学好专业技术，当一名专业的网络编辑，前途一定是光明的。

　　网络编辑最主要的要求就是会使用几个软件：一般是网页三剑客dreamweaver，flash，fireworks以及制图用的photoshop，另外还要求了解HTML语言。随着互联网的发展，有的网站也开始要求网络编辑了解CSS代码，部分要求有采访能力及独立制作专业能力。另外还有些就是比较广义的规定了，文笔优秀，具有一定的新闻敏感性。

新时代的钟点工

网络钟点工

★ ★ ★ ★ ★ ★ ★ ★ ★ ★ ★ ★ ★ ★ ★ ★ ★ ★ ★

上网帮人偷菜可以挣钱，陪人聊天也能挣钱……这可真是得来全不费工夫。这就是网络钟点工。

网络钟点工是指在法定劳动年龄内，存在雇用关系的劳动者，在网络上受雇于同一雇主的，劳动时间每天超过4小时，劳动报酬以小时作为计算单位的一种非全日工作制的用工形式。

网络钟点工以分钟、小时等为单位出售自己的时间，为别人效劳，收取报酬。雇主在网络上付费，然后让"网络钟点工"为自己做事，比如送花、送饭、买火车票、接送孩子、陪老人聊天等合法工作。

怎样做网络钟点工呢？淘宝上有许多的网络钟点工店铺，只需要注册淘宝会员，然后有一张银行卡就行了。

当然也有些论坛借发布帖子来雇用网络钟点工，但这个的风险高，一是付费不可靠，二是有泄露身份信息和银行账号的风险。

所以要做网络钟点工，首先要了解任务是否合法，是否安全；还要估量自己能否完成任务；看约定的付费方式是否安全。

让我帮你来升级

网游代练员

★ ★ ★ ★ ★ ★ ★ ★ ★ ★ ★ ★ ★ ★ ★ ★ ★

网络游戏以能提升游戏角色的级别，或获取顶级装备来吸引玩家乐此不疲，通宵达旦。

可是有些菜鸟级的玩手，升级很慢，还有些人工作繁忙，玩游

戏力不从心，所以就相应地出现了网游代练员。

网游代练员就是代替其他玩家打网络游戏，帮助他们练级来获取报酬，或专门赢取顶级装备卖给别的玩家来赚钱的人。

伴随着网络游戏应运而生的网游代练，当然，这种职业并非正规职业，甚至也许还算不上一种职业，只是有一群人利用游戏玩家的心理来挣钱而已。

举个例子来说吧。

郭先生是一名魔兽世界的老玩家，他玩这个游戏已有四五年了。在魔兽世界这款网络游戏中，玩家可扮演9种不同的职业，而每个职业只有达到顶级以后，才能拿到顶级的装备，虽然装备很有吸引力，可是升级的过程枯燥乏味，就是不停地杀怪练级。所以郭先生花钱请人帮他练级，他在游戏中拥有5个职业，其中有4个是别人代练的。每个职业从一级升到顶级，要付给网游代练员150元钱左右。

做这项职业的人一般是白天睡觉，通宵练级，对身体损害很大，所以如果你是游戏高手，不妨改变一下这个现状，争取采用一个更健康的方式来进行。

请别叫我"作家"

网络写手

★ ★ ★ ★ ★ ★ ★ ★ ★ ★ ★ ★ ★ ★ ★ ★ ★ ★ ★

　　以前出书都是用手写在稿纸上投到报社或出版社。现在不同了，只要每天在电脑前敲些字，鼠标一按，发表到网络上就行。只要你能写，敢写，受读者欢迎，就有可能发表成书，这就是网络写手。当然，写作内容要合法，要健康。

　　网络小说《明朝那些事儿》，使作家当年明月声名鹊起，他一边当公务员，一边敲着小说，大大地出了一次名，也大大赢了一次利。小朋友们羡慕吧。

　　有人说了，当网络写手需要有文学才华吧。嘿，现在的网络写手可不只限于写小说了。

　　现在，有一批写手逐渐开始走向专业写作的道路，比如给中国公文网效劳的写手，他们全是多年从事文秘写作、且经过严格挑选的专业写手，从事领导文章、财政论文、经验材料、演讲稿等的专业写作。

　　一般性的网络写手的主要赚钱方式是在找到合适选题后，立即敲出一篇规定字数的文章，然后用电子邮件发给编辑。编辑审核过关后，到了月底，编辑将稿费以汇款形式发给网络写手。

数字时代新记者

全媒体记者

★ ★ ★ ★ ★ ★ ★ ★ ★ ★ ★ ★ ★ ★ ★ ★

　　肩扛摄像机、胸前挂着照相机、口袋里装着手机、背包里装着无线上网笔记本……这是什么人呢？他们就是全媒体记者。可以说，他们是集记者、编辑、播音员、主持人于一身的人。

　　"全媒体"的英文单词是"omnimedia"，在"媒体"media前加个前缀omni而成。"全媒体"是

在具备文字、图形、图像、动画、声音和视频等各种媒体表现手段基础之上进行不同媒介形态（纸媒、电视媒体、广播媒体、网络媒体、手机媒体等）之间的融合，产生质变后形成的一种新的传播形态。"全媒体"是信息、通讯及网络技术条件下各种媒介实现深度融合的结果，是媒介形态大变革中最为崭新的传播形态。

　　简单地说，全媒体就是既可以看又可以听还可以互动的媒体，是所

有媒体传播方式集于一身的全新媒体。比如，在网络上把电视、广播、文本、图片、甚至手机短信合于一体的表现体应该就是全媒体了，至少是全媒体的雏形。全媒体记者就是具备以上全媒体能力的记者。

由于网络的大范围应用，许多报纸都有了自己的网站，传统记者就显得有些过时，掌握一定的网络知识成了新的必需品。以前的记者后面都跟随着摄影师，现在的记者一人多能。全媒体记者采、写、摄、录、编、网络技能运用及现代设备操作，无所不通。这就是数字时代"时势"造出来的职业。

随着数字技术，尤其是3G时代的到来，信息定制、手机报、手机上网、手机电视等无线业务流行，无线接收终端逐步拓展到MP4、掌上电脑、笔记本电脑、车载和户外无线屏幕等领域，互联网和移动通信改变了人民的生活，也改变了传媒的工作形式。全媒体记者成为新传播生态下的大势所"需"。

四两拨千斤的魔手

网络推手

★ ★ ★ ★ ★ ★ ★ ★ ★ ★ ★ ★ ★ ★ ★ ★ ★ ★ ★ ★

网络推手指的是借助网络媒介进行策划、实施并推动特定对象，使之产生影响力和知名度的人。对象包括：企业、品牌、事件以及个人。

网络推手其实和"网络策划师"差不多，就是那些懂得网络推广并能应用的人。网络红人离不开网络推手，他们让现实中的普通人以极快的速度红遍网络。把普通人在网络上炒红，只是网络推手工作的一部分。网络推手最主要的是对企业和产品的推广。

如今，网络推手行业正由草根、粗放式的推广模式向集约、专业式的推广模式转变，鱼龙混杂的局面在不久的将来将会消失，整个行业将会朝向规范化的道路发展。

这是一个信息爆炸的时代，人们已经习惯在互联网上进行信息交流，而网络犹如浩瀚的宇宙般无边无际。当人们对纷繁复杂的网络资源无所取舍时，网络推手却光速般地与国内外交流信息，在网民心中留下那一点星星之火。

当企业惊诧于热门话题的炒作，惊诧于网络推手公司对互联网热点的把握时，您是否会想到，网络推手的作用其实就是古龙大师书中的"嫁衣神功"。网络推手公司用自己的努力，让客户瞬间红遍网络，让客户利润最大化。

网络热点有时需要以柔克刚，而网络推手就如同那太极拂穴手，抓住关键点，引导网民，用四两之手来拨舆论的千斤之力。

"我自逍遥我自歌"，互联网追求的是一种洒脱的境界，网络推手犹如"逍遥神掌"般来去无踪，在无声无息之间传播企业信息。

互联网是一把双刃剑，好坏消息均可一夜之间席卷网络。而网络推手却能犹如疗伤圣药般将网络对企业的负面伤害减至最低，让您的企业防患于未然。

怎么样，网络推手很厉害吧！

网上卫兵

网络监管员

★ ★

网络上的内容是五花八门、良莠不齐，有许多内容是不利于人们身心健康的，特别是对小朋友们不利。而上网人数日益增多，这些不良信息影响巨大，这就需要有人对网络进行监督管理了。

网络监管员就是利用技术手段监控网络进行健康传播的职业。与传统媒体的电视、收音机等传播手段相比，这个网络时代对于不良信息的监管难度显得更大了，所以网络监管受到很高重视。目前公安部、工业与信息化部、文化部、新闻出版总署等部门都对互联网上的不良信息进行积极监管，有专门人员负责，这些人就是网络监督员。由此可以预见，在内容数字化发展的时代，网络监管员作为保证信息内容健康、产业良性发展的"卫兵式"职业，将成为时代的必需品。

绿色职业

CHAPTER 5

"绿色"一词已广为流传，它意味着纯净无污染，意味着健康与放心，所以这一词语深受大家喜欢。那么"绿色职业"又是怎样的职业呢？它是一切对生态环境有利的职业的总和，比如改良环境，比如节省能源等。由此可以看出，这种职业是造福全球的职业。

Leonardo

淘乐斯变身公仔

地球健康顾问

环境工程师

★ ★ ★ ★ ★ ★ ★ ★ ★ ★ ★ ★ ★ ★ ★ ★ ★ ★ ★ ★

生活在一个干净优美的环境里，人就会享受到身心的舒适愉悦。

环境工程师，就是构想、设计、管理以及监督各种与改善公众卫生、环境、天然资源运用、自然保护等有关的建造工程的人。他们的工作内容是为受污染地区设计净化环境的方案并加以执行，以保证土地、水和空气恢复清洁，并制定相应措施避免环境再次恶化。

在我国，环境工程师这一职业也前景看好。从事治理环境的工作，造福人民，造福后代，真是利人利己的好事。

捕捉太阳的能量

太阳能技师

★ ★ ★ ★ ★ ★ ★ ★ ★ ★ ★ ★ ★ ★ ★ ★ ★

许多小朋友的家里都安装了太阳能热水器吧？这种装置能利用太阳的能量使水变热，而不必用电或燃气。

太阳能是一种非常干净的可再生资源，它无处不在，可以说，只要最后这个太阳不被后羿射下来，那么它的能量就可以永远供人类利用。

国家为了鼓励大家利用太阳能，还推出"太阳能屋顶计划"呢，以财政补贴鼓励安装太阳能装置，可见太阳能的发展前景有多好。

那么怎么能更好地利用太阳能呢，这就需要太阳能技师来帮忙了。

太阳能技师的主要工作是设计、生产、安装和测试新的太阳能技术，为太阳能材料制造商研发产品。太阳能技师需要一定的技术职称或工程学学位。

我们从事实来看一下太阳能产业的前景吧。尚德、皇明是中国一南一北两个大太阳能企业。江苏无锡的尚德做的是光伏产业，就是把太阳能转换成电能。在这一领域，尚德是全球最大的生产商。

山东德州的皇明做的是光热产业，也就是把太阳能直接转换成热能，它是世界上最大的太阳能热水器生产商。

南京去年就发布规定，要求新建12层住宅和新、改、扩建的宾馆、酒店、商住楼等有热水需求的公共建筑，必须统一设计和安装太阳能热水系统。说不定，以后我们所见到的屋顶都会出现太阳能电池板。

这真是一个非常阳光的行业。

挖掘地球的能量

地热工程师

★ ★

　　地热是来自地球内部的一种能量资源。地球上火山喷出的熔岩温度高达1200℃～1300℃，天然温泉的温度大多在60℃以上，有的甚至高达100℃～140℃。这说明地球是一个庞大的热库，蕴藏着巨大的热能。这种热量渗出地表，于是就有了地热。

　　地热能和太阳能一样，是一种清洁能源，是可再生能源，它的开发前景十分广阔。地热工程师负责监测机器的运行、收集地热井的相关信息，利用地表以下产生的热量，包括火山喷发产生的热量，将其转化为能量。

"大风车"的维护者

风能技术员

★ ★ ★ ★ ★ ★ ★ ★ ★ ★ ★ ★ ★ ★ ★ ★ ★ ★ ★

　　地球温度越来越高，与二氧化碳的大量排放有关，这也造成生态环境的日益恶化。风能是目前唯一能对二氧化碳排放进行必要削减的发电技术，所以一向重视保护环境的中国，其风电装机容量连年翻番。

　　坐车出门旅游，经常会看到"大风车"排成一行行整齐的队伍，那就是风力涡轮机，这些漂亮壮观的"大风车"构成了一道独特的风景线。风能技术员就是负责"大风车"的维护。如果你喜欢尖端技术领域内的工作，那么风能技术员就是很好的职业选择。

　　想做风能技术员需要机械和电力技术职称，当然具备一定从业经验的人也会受欢迎的，是这个行业中受青睐的人选。此外，由于经常需要户外作业，所以还需要具备良好的身体素质。

　　我们来看看这个职业的发展前景吧。

　　我国的风能资源十分丰富，主要分布在西北地区、沿海地区和内陆湖泊周边地区。据国家发改委能源局提供的数据，我国风能资源储量为32亿千瓦，可开发的装机容量约为2.53亿千瓦，居世界首位，并且极具商业化、规模化发展的潜力。目前我国从事小风电利

用工作的相关人员有近10万人，却只有很少一部分人是从事小风电的科研、设计、制造、资源勘探、电站设计的专业技术人才，而大部分是从事小风电的安装调试、运行维护、管理以及配套设备生产等技术水平较低的技术员。

    怎么样，这项工作不但前景看好，而且竞争小，市场需求也很大吧。

新时代的汽车修理工

电动汽车技工

★ ★ ★ ★ ★ ★ ★ ★ ★ ★ ★ ★ ★ ★ ★ ★ ★ ★ ★

电动汽车是指以车载电源为动力，用电机驱动车轮行驶，符合道路交通、安全法规各项要求的车辆。

电动汽车对环境的污染相比传统的汽车要小得多，所以它的发展前景被广泛看好，但当前的技术还不成熟。伴随着混合动力车和全电动车逐渐进入市场，燃料发动机被取代之后，对电动汽车技工的需求也将日渐加大。考虑到国家对交通环保的重视，电动汽车极有可能成为未来最佳的交通工具，那么电动汽车技工也必将成为最受欢迎的职业之一。

电动汽车使用电池，维修技工除了要具备与电力相关的知识外还需要有手工维修的技能。

做个快乐的地主吧

农场主

★ ★ ★ ★ ★ ★ ★ ★ ★ ★ ★ ★ ★ ★ ★ ★ ★ ★ ★ ★

　　地主，拥有大量土地，专门雇佣老百姓来耕种，或租给人们耕种，然后收取地租，剥削人民。现在的农场主，也是拥有大量土地的人，但不是以前那种剥削人的地主了。那么他们都需要做什么呢？

　　现代农场主要雇佣、指导雇工从事种植、培育、灌溉、饲养家畜等工作；指导和指挥操作农机耕种、整地、施肥，使用除草剂和杀虫剂，拖运收获的庄稼；检查生长环境以保持最佳生长或培育条件；安排收割庄稼或收集特殊产品，如蜂王蜂巢里的胶状物和蜂窝里的蜂蜜；与买主商讨销售，安排装运。

　　小朋友，你想不想做一个大农场主，享受劳动呢？

与森林为伴

育林人

★ ★

种树但不砍树也不卖果，一样能获利？太令人惊奇了，但这是事实。

引发全球气候变暖的因素，除碳排放等因素外，还有四分之一的因素来自森林砍伐。所以植树造林是很重要的事。那么育林人又是做什么的呢？他们可以帮助散布于世界各地的植树者从刀耕火种转向育林经济，教他们种植价值更高、生长更快的树种，如水果、药材或木材等，同时认真记录对环境的影响。

另外，育林人还可进行碳排放额度交易。全球碳排放额度价值数百亿美元。目前全球大概有将近80个主流提供商在网上提供碳排放额度交易，目前在中国，通过种树出售碳排放额度还在探索中。但如果有可能，育林人这项职业会很有发展前景。

我来帮助你

生态保护工作者

★ ★

　　小朋友们都喜欢去动物园玩吧？因为那里能看到许多可爱的有趣的动物，但其中有许多动物濒临灭绝。生态保护工作者，就是负责拯救动物植物的人，他们和你一样是喜欢动物的人。

　　研究如何保护生物的多样性，不可能只在实验室里优哉游哉。因为地球上每时每刻都有物种灭绝，如果做一名生态保护工作者，就需要开赴全球各个角落，拯救那些脆弱的生态系统，评估那些"生态服务"的价值。

　　如果你对生态保护感兴趣，那就加入这一行吧。

循环经济的魅力

资源回收商

★ ★ ★ ★ ★ ★ ★ ★ ★ ★ ★ ★ ★ ★ ★ ★ ★ ★

将一些可利用的东西处理过后，重复使用，这种行为就叫资源回收。

从资源回收的定义，我们不难看出资源回收商的工作是什么。这些商人不仅回收纸张、酒瓶、衣服、塑料袋等日常垃圾，还回收电子垃圾、建筑垃圾等。可别小看"收破烂"，曾经的中国首富张茵就是从收废纸到造纸而成首富

的，废旧资源回收再利用的循环经济的魅力可见一斑。

仅在美国，循环经济就有超过100万个工作岗位。许多企业无法支付相当高的垃圾处置费，自然乐意将垃圾卖给回收商。

这种工作既保护了环境，又创造了财富，何乐而不为？

城市的最佳化妆师

城市规划师

★ ★ ★ ★ ★ ★ ★ ★ ★ ★ ★ ★ ★ ★ ★ ★ ★ ★

俗话说：三分长相，七分打扮。一个长相平凡的女人，一经化妆师的打扮，就会变成令人眼前一亮的美女。

不独人是这样，城市也是这样，那些城市规划师就是负责给城市化妆的人，他们负责城市规划编制，城市规划实施管理，城市规划咨询等相关业务工作，可以说是城市建设的"美容专家"。

一座城市如果妆容得体，人们生活在其中就会感觉惬意幸福。一个好的城市规划师，不但要看眼前，还要考虑未来几年的城市发展。

小朋友，你生活的城市美不美，你要不要亲手把她打扮一番呢？

让网络也变为绿色

可持续发展智能软件开发师

★ ★

现实可以变得绿色，网络也可以变得绿色。

绿色经济相对于其他经济来说，算是一个新贵了，IT业竞争日益激烈，能"傍上"这个新贵，无疑是很明智的。

可持续发展智能软件开发师就是这样的一批识时务者。他们负责为绿色经济开发软件，设计、建造和维护各种感应器和随机建模系统。比如为风能农场、智能电网、交通拥挤收费等提供智能支持的系统。

举个例子来说吧：

新加坡市中心有许多自动收费装置，它会自动记录行经此地的机动车身份，并根据不同的时段收取不同的费用，越是繁忙时收费就越高。这种装置就是由这些可持续发展智能软件开发师研制出来的。

我国的情况又如何呢？上海、杭州、广州、深圳等城市都曾有意效仿新加坡此举，但因为技术、管理等方面还存在障碍，而且制度上还需要讨论，所以暂未实施，但也许这会在未来某一天变成现实。

图书在版编目(CIP)数据

谁绑架了我的未来 / 曹外香主编. —天津：天津科学技术

出版社，2012.2（2019.6重印）

ISBN 978-7-5308-6889-8

Ⅰ.①谁… Ⅱ.①曹… Ⅲ.①职业选择–青年读物–②职业选择–

少年读物 Ⅳ.①C913.2–49

中国版本图书馆CIP数据核字（2012）第051075号

谁绑架了我的未来

SHUI BANGJIA LE WODE WEILAI

责任编辑：郑　新

出　　版：**天津出版传媒集团**

　　　　　天津科学技术出版社

地　　址：天津市西康路35号

邮　　编：300051

电　　话：（022）23332674

网　　址：www.tjkjcbs.com.cn

发　　行：新华书店经销

印　　刷：三河市燕春印务有限公司

开本 700×1000mm 1/16　　印张 9　　字数 150 000

2019 年 6 月第 1 版第 3 次印刷

定价:29.80 元